Hugo Wiener · »Lesen Sie wohl!«

Hugo Wiener

»Lesen Sie wohl!«

Satiren

Mit Zeichnungen von Rudolf Angerer

Amalthea

Umschlag: Rudolf Angerer, Wien
Satz: Fotosatz Völkl, Germering bei München
Druck und Binden: Wiener Verlag, Himberg bei Wien
Printed in Austria 1986
ISBN 3-85002-220-X

Inhalt

Lesen Sie wohl!

Ja, liebe Leserinnen und Leser, Sie haben richtig gelesen. Es ist kein Druckfehler, es sollte nicht heißen »Leben Sie wohl«, sondern »Lesen Sie wohl«. Lesen ist gesund, lesen beruhigt, lesen läßt Sie den Streß vergessen, in dem Sie sich möglicherweise befinden, lesen ist lehrreich, lesen macht müde, wenn man schlafen, und regt an, wenn man wachbleiben will, lesen hilft bei jeder Gelegenheit, bei Depressionen, Komplikationen, Operationen, Televisionen – drum mein Rat: Was immer Sie haben, was immer Sie bewegt, nehmen Sie ein Buch zur Hand und lesen Sie, lesen Sie, lesen Sie! Im nachfolgenden ein Beispiel:

Meine Frau haßt es, Dinge wegzuwerfen, die man später vielleicht einmal brauchen kann. Dazu gehören Knöpfe, Geschenkpapier, Schachteln in allen Größen, Kerzenstummel, Briefmarken, die man bei Gelegenheit jemandem schenken könnte, eingeschriebene Briefe, ausgeschriebene Kugelschreiber – vor allem aber Kleiderbügel aus Draht, wie man sie von den Putzereien bekommt, wenn man einen Anzug oder ein Kleid reinigen läßt. In meinem Schrank hängen mindestens zehn solcher Drahtbügel.

Neulich halte ich ein Sakko, das eben von der Reinigung gekommen war, in der linken Hand, will es auf einen richtigen Kleiderbügel hängen, dabei fallen drei Drahtkleiderbügel heraus, einer von ihnen verfängt sich in einer Strickjacke, der zweite fällt auf den Boden, der dritte hinter den alten Staubsauger, der schon lange nicht mehr benützt, aber auch nicht weggeworfen wird, sondern trotz aller Proteste meinerseits, immer weiter in meinem Schrank stehenbleibt. Fluchend nehme ich den richtigen Kleiderbügel, hänge das Sakko drauf, als ein vierter Drahtkleiderbügel herunter- und direkt in eine offene Schuhschachtel fällt. Seit Jahren steht die Schuhschachtel in meinem Schrank, die Schuhe sind längst in den Mülleimer gewandert, aber die Schachtel steht da und steht da und wird gehegt und gepflegt, als ob es sich um eine goldene, mit Edelsteinen besetzte Kassette im Jugendstil handeln würde. Ich bücke mich, um vor allem einmal den Drahtkleiderbügel hinter dem alten Staubsauger hervorzuholen, falle, stürze mit der Hand direkt auf den Staubsauger, der Staubsauger, der mich schon seit langem nicht leiden kann, läßt seinen Griff nach vorne schnellen und mit aller Gewalt auf meine Stirne. Während ich aufschreie, fällt das eben von der Reinigung gekommene Sakko auf den Boden. Schnell nehme ich den Drahtkleiderbügel hinter dem Staubsauger hervor, angle zur gleichen Zeit mit dem rechten Fuß den Drahtkleiderbügel aus der Schuhschachtel, kann ihn nicht abstreifen, werfe mein rechtes Bein in die Luft wie ein plötzlich wahnsinnig gewordener Fußballer, der Drahkleiderbügel löst sich zwar von meinem Fuß, fällt aber auf den Luster, bleibt hängen, ich springe einigemale in die Höhe, um ihn herunterzuholen, der Drahtkleiderbügel kommt herunter, der Luster kommt mit, seit Jahren sage ich, daß der Luster an der Decke nicht fest genug angebracht ist, aber was ich auch sage, es ist, als ob ich in den Wind reden würde, ich will den Luster in den Schrank stellen, dabei steige ich auf das eben aus der Reinigung gekommene Sakko, springe schnell zur Seite, stelle den Luster auf den Staubsauger, der Staubsauger schnellt wieder nach vorne und trifft mich ein zweitesmal auf die Stirne, ich versuche das Sakko, das eben von der Reinigung gekommen ist, aufzuheben, dabei fällt mir die Brille von der Nase, ich will sie mit dem Knie abfangen, zu spät, ich zertrete die Gläser, ich schleudere den richtigen Kleiderbügel in den Schrank, dabei fallen zwei weitere, ineinander verklemmte Drahtkleiderbügel heraus, ich bücke mich, um sie aufzuheben, stoße dabei an den Luster, der Luster an den Staubsauger, der Staubsauger schnellt wieder nach vorne und versetzt mir den dritten Schlag auf die Stirne, ich schleudere alles mit dem linken Fuß in den Schrank, schmeiße mit dem rechten die Tür zu, gebe a) die Hoffnung auf und b) das Sakko zurück in die Reinigung.

Was, liebe Leserinnen und Leser, glauben Sie, habe ich *dann* getan? Ich habe nicht geschrien, ich habe nicht getobt – ich habe ein Buch genommen, habe mich auf die Couch gelegt und habe gelesen. Nach einer halben Stunde war alles vergessen. Drum mein Rat: Lesen Sie, lesen Sie, lesen Sie! Je länger Sie auf der Couch liegen und lesen, desto weniger laufen Sie Gefahr, in in eine Situation wie die eben geschilderte zu kommen. Darum noch einmal

LESEN SIE WOHL!

Ein Sprichwort ist ein Ausdruck, der keinen Eindruck macht. Früher einmal trugen die Sprichwörter ein Körnchen Wahrheit in sich, aber sie passen nicht mehr in unsere Zeit. Zum Beispiel: Selber essen macht fett. Wer will heute, im Zeitalter der Schlankheitskuren, noch fett sein? Niemand. Oder: Bei Nacht sind alle Katzen grau. Als ich noch im zarten Knabenalter war, hatten wir eine schwarze Katze. Wie oft bin ich nachts aufgestanden, um nachzusehen, ob sie grau geworden war. Keine Spur. Sie war auch bei Nacht schwarz geblieben. Heutige Sprichwörter müßten ganz anders lauten. Zum Beispiel: »Scheue Recht und tue nie etwas.« Oder: »Eine fünfprozentige Preissenkung in der Hand, ist besser als eine zehnprozentige Lohnerhöhung auf dem Dach.« Oder: »Der Weg zum Parkplatz ist mit Strafmandaten gepflastert.« Oder: »Die kleinen Diebe hängt man – das Finanzamt läßt man laufen.« Oder die althergebrachte Weisheit:

Ehrlich braucht's am längsten

Meine Frau und ich waren bei einem Empfang im Wiener Parkhotel. Um Mitternacht sah ich nach der Uhr und sagte: »Ich denke, es ist Zeit, daß wir gehen.« Ich hätte nicht im entferntesten damit gerechnet, daß wir wirklich gehen würden, da aber meine Frau ebenfalls fand, daß es Zeit zu gehen wäre, gingen wir. In der Rezeption besorgte man uns ein Funktaxi, wir fuhren nach Hause, ich zückte meine Brieftasche, bezahlte, wir gingen nach oben – plötzlich gab es mir einen Ruck. »Meine Brieftasche«, stammelte ich.
»Was ist mit ihr?« fragte meine Frau.
»Ich habe sie im Taxi vergessen.«
»Na, na«, versuchte meine Frau mich zu beruhigen. »Deshalb brauchst du doch nicht gleich bleich zu werden. Setz' dich hin und entspanne dich. Was war denn drinnen?«
»Viertausend Schilling.«
»Viertausend Schilling?« schrie sie. »Und da sitzt du da herum? Ruf doch an!«
»Wen?«
»Das Hotel. Es war doch ein Funktaxi. Sie werden dir sagen, welche Linie sie angerufen haben.«
Das leuchtete mir ein. Ich rief das Hotel an. »Entschuldigen Sie«, sagte ich. »Ich war mit meiner Frau heute abend bei dem Empfang. Sie waren so nett und haben mir ein Taxi gerufen. Würden Sie mir sagen, welche Linie Sie angerufen haben?«
»Ich habe überhaupt keine Linie angerufen. Ich bin eben gekommen und habe meinen Kollegen abgelöst. Ich werde nachsehen, ob er noch da ist.«
»Was sagt er?« fragte meine Frau ungeduldig.
»Er hat nicht angerufen, sondern sein Kollege. Er sieht nach, ob er noch da ist.«

»Er ist *nicht* mehr da«, meldete sich die Rezeption wieder. »Ich werde versuchen, ihn in einer Viertelstunde zu Hause zu erreichen. Vielleicht rufen Sie dann nochmals an.«

»Was sagt er?« fragte meine Frau wieder.

»Ich soll in einer Viertelstunde nochmals anrufen.«

»In einer Viertelstunde?« rief meine Frau außer sich. »Weißt du, was in einer Viertelstunde passieren kann?«

»In einer Viertelstunde kann viel passieren«, antwortete ich gereizt. »In einer Viertelstunde kann eine Fabrik in die Luft fliegen, eine Stadt zerstört werden, eine Welt zugrunde gehen!«

»Das meine ich nicht«, sagte meine Frau noch gereizter als ich.

»Was denn meinst du?«

»Schlimmeres. In einer Viertelstunde kann jemand das Taxi genommen und die Brieftasche gefunden haben!«

»Das auch«, gab ich ihr recht.

»Was war sonst noch drinnen?« verhörte sie mich wie in einem Fernsehkrimi.

»Nur die Casinokarte.« Meine Frau und ich bekommen jedes Jahr eine Ehrenkarte der Österreichischen Spielcasino A. G. geschenkt. Damit können wir das ganze Jahr die Österreichischen Spielcasinos besuchen, ohne Eintritt zu bezahlen. Nicht daß wir Spieler wären. Bei uns könnte das Spiel nie zur Leidenschaft ausarten. Nicht so wie bei einem meiner Freunde. Ich will den Namen nicht nennen – es ist mein Zahnarzt Dr. Wronsky. Wronsky ist eine ausgesprochene Spielernatur. Neulich kam er mitten in der Nacht zu mir, holte mich aus dem Bett und rief verzweifelt: »Ich komme eben vom Casino! Nicht nur, daß ich mein ganzes Geld verloren habe, ich habe

mir noch von einem Klienten sechzigtausend Schilling ausgeborgt! Die sind auch weg! Er wartet unten auf mich! Meine Frau darf natürlich nichts davon wissen – aber wenn ich die Schuld nicht sofort bezahlen kann, muß ich mich erschießen! Kannst du mir helfen?« Leider konnte ich nicht. Ich hatte keinen Revolver.
»Willst du nicht endlich anrufen?« drängte meine Frau. »Die Viertelstunde ist um!«
Ich rief an. »Parkhotel«, meldete sich die Rezeption.
»Entschuldigen«, sagte ich. »Ich war mit meiner Frau –«
»Ich weiß«, unterbrach mich das Parkhotel. »Es war die Linie 60–80.«
»Danke.« Und zu meiner Frau: »Es war die Linie 60–80.«
»Dann bekommst du die Brieftasche zurück«, meinte sie. »Es gibt noch ehrliche Leute, und die Taxifahrer *müssen* es sein. Schließlich weiß man in der Funkzentrale, welcher Fahrer um welche Zeit zu welcher Adresse geschickt wurde.«
»Du hast recht«, sagte ich. »Ich werde morgen anrufen.«
»Morgen?« fuhr sie auf. »*Jetzt* mußt du anrufen! Es ist jede Minute kostbar!«
»Gut«, stimmte ich ihr bei. Ich rief die Nummer an. »Wir bitten Sie um etwas Geduld«, klang es von einem Tonband, »Sie werden sofort nach Freiwerden der Leitung bedient. Wir bitten Sie um etwas Geduld, Sie werden sofort nach Freiwerden der Leitung bedient. Wir bitten Sie um etwas Geduld –«
»Was sagt sie?« fragte mein Frau zappelig.
»Sie bittet mich um etwas Geduld! Moment!« Die Stimme wechselte.
»Ihr Taxi kommt in zwei Minuten«, sagte ein Computer.

Ich legte den Hörer auf.
»Was ist los?« fragte meine Frau nervös.
»Mein Taxi kommt in zwei Minuten.«
»Da hat sich jemand dazwischen geschaltet! Ruf noch einmal an!«
Ich rief noch einmal an. »Hier Funktaxi 60–80«, meldete sich eine Frauenstimme.
»Entschuldigen«, sagte ich hastig. »Meine Frau und ich waren im Parkhotel, wir ließen ein Taxi rufen, fuhren nach Hause, ich habe bezahlt und habe meine Brieftasche im Taxi liegenlassen.«
»O je«, sagte die Stimme, was mir gar nicht gefiel. »Wann war das?«
»Um Mitternacht.«
»Wohin sind Sie gefahren?«
»In die Wiedner Hauptstraße.«
»War es ein Wagen unserer Linie?«
»Ja.«
»Wissen Sie die Nummer?«
»Nein.«
»Dann ist es schwierig, aber Sie bekommen Ihre Brieftasche wieder. Unsere Fahrer sind ehrlich.« Ich atmete auf. »Außer«, setzte die Stimme hinzu, »es ist ein Fahrgast eingestiegen, der sie genommen hat. Rufen Sie in zehn Minuten wieder an, ich werde es durchgeben.«
»Danke.« Ich legte auf.
»Na?« fragte meine Frau gespannt.
»Sie meint, ich bekomme meine Brieftasche wieder.«
»Ich habe es dir gesagt.«
»Außer«, fuhr ich etwas schadenfroh fort, »es ist ein Fahrgast eingestiegen, der sie genommen hat.«
»Das habe ich dir auch gesagt.« Meine Frau ging auf

Nummer sicher. Wie immer es ausging, sie hatte es mir gesagt.
Nach zehn Minuten rief ich an. »Wir bitten Sie um etwas Geduld«, meldete sich das Band, »Sie werden sofort nach Freiwerden der Leitung bedient. Wir bitten Sie um etwas Geduld«, sprach ich laut und gereizt mit, »Sie werden sofort nach Freiwerden der Leitung bedient. Wir bitten Sie um etwas Geduld –«
»Warum eigentlich?« fragte die Stimme von vorhin. Ich hatte bereits mit mir allein gesprochen. »Ich habe die Nachricht von Ihrem Verlust durchgegeben«, fuhr die Stimme fort, »und habe alle Kollegen erreicht, bis auf zwei. Die waren schon nach Hause gefahren. Rufen Sie morgen um sieben Uhr früh wieder an, dann werden sie da sein.« Ich legte auf.
»Was ist *jetzt* wieder?« erkundigte sich meine Frau.
»Sie hat alle Fahrer erreicht, bis auf zwei. Ich soll morgen um sieben Uhr wieder anrufen.«
Nun sind wir nicht gewohnt, um sieben Uhr früh aufzustehen, da wir oft erst spät nachts nach Hause kommen. Wir machten also die ganze Nacht kein Auge zu, um nicht zu verschlafen. Punkt sieben Uhr rief ich an. Zuerst bat mich das Tonband um Geduld, dann meldete sich wieder eine Frauenstimme, diesmal war es eine andere.
»Funktaxi 60–80.«
»Entschuldigen«, lallte ich müde und schläfrig. »Meine Frau und ich waren gestern im Parkhotel, wir ließen ein Taxi rufen, fuhren nach Hause, ich habe bezahlt und habe das Taxi in der Brieftasche liegenlassen.«
»Was?«
Meine Frau gab mir einen Stoß. »Ich habe die Brieftasche im Taxi liegenlassen«, korrigierte ich schnell.

»Wann war das?«
»Um Mitternacht.«
»Wohin sind Sie gefahren?«
»In die Wiedner Hauptstraße.«
»War es ein Wagen unserer Linie?«
»Ja.«
»Wissen Sie die Nummer?«
»Nein.«
»Warten Sie einen Moment. Ich übergebe.«
»Ja?« meldete sich eine Männerstimme.
»Entschuldigen«, begann ich wieder. »Meine Frau und ich waren gestern im Parkhotel, wir ließen ein Taxi rufen, fuhren nach Hause, ich habe bezahlt und habe meine Brieftasche im Taxi liegenlassen.« Ich konnte kaum noch stehen vor Müdigkeit.
»Wann war das?«
»Zu Mittag«, gähnte ich.
»Wohin sind Sie gefahren?«
»In die Meidlinger Hauptstraße.«
»War es ein Wagen unserer Linie?«
»Nein.«
»Wissen Sie die Nummer?«
»Ja.«
»Nein!« riß mir meine Frau den Hörer aus der Hand. Sie hatte das Gespräch mitangehört. »Entschuldigen Sie! Mein Mann ist erkältet und hat zu viele Pulver genommen«, erklärte sie dem Mann am anderen Ende des Kabels. »Wir sind nicht zu Mittag gefahren, sondern um Mitternacht, nicht in die Meidlinger, sondern in die Wiedner Hauptstraße, es war ein Wagen Ihrer Linie, und die Nummer wissen wir *nicht*.«
»Okay«, sagte der Mann. »Wenn einer unserer Fahrer

die Brieftasche gefunden hat, bekommen Sie sie wieder. Unsere Fahrer sind ehrlich.«
»Das weiß ich«, meinte meine Frau, »aber könnten Sie nicht herauskriegen, *welcher* Fahrer sie gefunden hat?«
»Ausgeschlossen«, sagte der Mann. »Das weiß nur der Computer. Da müßten Sie bis zum Jahresende warten. Außerdem macht jetzt die Frühschicht Dienst, und der Fahrer, der Sie nach Hause gebracht hat, ist in der Nachtschicht. Rufen Sie um 19 Uhr wieder an, bis dahin hat er sich bestimmt gemeldet. Unsere Fahrer sind ehrlich.«
Wir riefen um 19 Uhr an, um 20 Uhr, um 21 Uhr – nichts. »Plastikfabrik«, sagte ich.
Sie werden fragen, warum ich das sagte. Ich erkläre es Ihnen: Ein uns bekanntes Ehepaar hatte in den USA eine kleine Plastikfabrik aufgemacht. Gerade in den USA, wo es die größten Plastikfabriken der Welt gibt. Natürlich waren sie in sechs Monaten pleite. Sie beschlossen, sich gegenseitig keine Vorwürfe zu machen. Beging einer von ihnen eine Dummheit und sagte »Plastikfabrik«, hieß das soviel wie »Reden wir nicht mehr darüber«. Das halten wir jetzt auch so. Ich sagte also »Plastikfabrik«, und die Brieftasche war vergessen.
Nach acht Tagen rief mich ein Herr an. »Verzeihen Sie«, sagte er mit einer dunklen, sympathischen Stimme, »ich bin der Fahrer, der Sie am 19. Oktober um zwölf Uhr nachts vom Parkhotel in die Wiedner Hauptstraße gefahren hat. Ich habe in meinem Taxi Ihre Brieftasche gefunden.«
»Nein!« rief ich jubelnd aus. »Das finde ich aber schön von Ihnen, daß Sie mich anrufen.«
»Leider«, bedauerte er, »war es mir nicht früher mög-

lich. Darf ich Ihnen die Brieftasche per Post schicken?«
»Bringen Sie sie doch selbst«, bat ich. »Ich bezahle Ihnen die Fahrt und natürlich den Finderlohn.«
»Das ist nicht nötig«, wehrte er ab. »Das ist Dienst am Kunden. Ich schicke Ihnen die Tasche noch heute expreß. Guten Abend!«
»Guten Abend!« sagte ich und nahm mir vor, mir wirklich einen guten Abend zu machen. Daß es heutzutage noch so ehrliche Menschen gibt, das muß man feiern. Ich rief meine Frau herein. »Der Fahrer hat angerufen. Er hat die Brieftasche gefunden und schickt sie mir noch heute per Post.«
»Ich habe dir gesagt, daß du sie wiederbekommen wirst. Es gibt noch ehrliche Menschen«, sagte meine Frau, nachdem ich mir eine Woche lang anhören mußte, daß ich die Tasche *nicht* mehr bekommen werde, weil es keine ehrlichen Menschen mehr gebe. Egal.
Ich beschloß, die viertausend Schilling bis auf den letzten Groschen auszugeben. Wir luden unseren Freund und Anwalt Dr. Robinson mit seiner Frau Mela ein und führten sie in ein neues Nobelrestaurant, welches bekannt war wegen seiner Preise. Wir aßen vorzüglich, tranken zwei Flaschen vom besten, die Rechnung machte dreitausendfünfhundert Schilling aus, ich gab dem Ober viertausend und sagte großzügig: »Stimmt!« Der Ober sah mich überrascht an. Er hielt mich entweder für einen Ölmillionär oder für einen Trottel.
Am nächsten Morgen brachte der Briefträger ein kleines Päckchen. Expreß. Meine Brieftasche. Zitternd machte ich sie auf, die Casinokarte war drinnen – das Geld nicht.
»Es gibt noch ehrliche Menschen«, sagte ich zu meiner Frau. Meine Frau sagte nichts – und das sagt viel.

Vierzehn Tage später ging ich wieder einmal ins Casino. Man bat mich in die Direktion. Der Direktor begrüßte mich. »Verzeihen Sie«, sagte er, »es ist mir sehr peinlich, aber Sie wissen doch, daß unsere Ehrenkarten auf Namen ausgestellt sind und nicht weitergegeben werden dürfen.«

»Weitergegeben?« wunderte ich mich. »Was meinen Sie?«

»Vor einigen Tagen war ein Herr hier mit Ihrer Karte. Wir haben ihm, Ihnen zuliebe, keine Schwierigkeiten gemacht. Er hat viertausend Schilling verloren. In Zukunft bitte ich Sie aber – geben Sie niemandem Ihre Karte.«

Nun war mir alles klar. Der Fahrer hatte sein Glück versucht.

Hätte er mit meinem Geld gewonnen, hätte er mir die viertausend Schilling zurückgeschickt. Die Fahrer seiner Linie sind ehrlich. Außerdem konnte ich sehen, wie vielen Menschen man mit viertausend Schilling eine Freude machen kann:

Der Fahrer freute sich, in der Hoffnung einen »Jackpot« zu machen, Robinson und Frau freuten sich über das gute Essen, und der Ober freute sich über das fürstliche Trinkgeld. Nur meine Frau und ich freuten uns nicht.

Ehrlich währt zwar am längsten – aber nicht länger.

John Murphy sagt: »Beim Reden kommt es auf drei Dinge an: Wer etwas sagt, wie er es sagt und was er sagt. Wobei das letzte nicht das Wichtigste ist.«
Ich *sage: Einen wütenden Stier, ein rasendes Auto kann man aufhalten – einen Redner nicht. Das beweist*

Die Sitzung

Vor zwei Stunden hatte der Generaldirektor seine Rede begonnen, und er sprach immer noch. Er sprach von roten und schwarzen Zahlen, von der Krise in der Tochtergesellschaft, von der Notwendigkeit einer Umstrukturierung in verschiedenen Bereichen des Unternehmens, von den wirtschaftlichen Beziehungen zum Ausland, von gezielterer Werbung, von Veränderungen im Management usw. usw.
Der Raum war überheizt, die Herren des Direktoriums, die um den grünen Tisch herumsaßen, wurden müde, sie konnten sich nicht mehr konzentrieren. Wann wird er endlich aufhören zu reden, dachte der erste Direktor. Wir haben Gäste, und meine Frau hat mich ausdrücklich gebeten, heute früher nach Haus zu kommen, weil sonst das Fleisch hart wird und den Geschmack verliert. Meine Frau, dachte er liebevoll. Fünf Jahre sind es heute her, daß Vanessa und er geheiratet hatten, und sie liebten einander wie vor der Hochzeit. Sie hatten beschlossen, den Tag in kleinem Kreis zu feiern. Ritters, ein befreundetes Ehepaar, werden schon da sein und auf ihn warten, ebenso die Schuberts und natürlich Robert, der Cousin seiner Frau. Zwischen den beiden besteht ein inniges Verhältnis. Verhältnis? Wie war er jetzt auf das Wort »Verhältnis« gekommen? Unsinn. Und doch – wieso war Robert immer bei Vanessa, wenn *er* nicht zu Hause war? Und wieso war er neulich, als *er* unerwartet aus Zürich zurückkam, schon am frühen Morgen bei ihr? Er hatte sie am Abend besucht, sagten sie, als ein Unwetter losbrach – da ließ sie ihn eben im Gästezimmer übernachten. Wieso? In Zürich war *kein* Unwetter, und im Büro wußte man auch nicht, daß hier eines gewesen wäre. Vanessa war dreißig, Robert fünfunddreißig, und er war fünfzig.

RANG.

Vanessa und Robert würden besser zusammenpassen als Vanessa und er. Nie hatte er sich noch Gedanken darüber gemacht, warum gerade jetzt? Neidisch blickte er auf seinen Nachbarn, den zweiten Direktor. Der hatte es gut. Seine Frau und er waren beide im gleichen Alter – ungefähr fünfundvierzig –, er brauchte nicht eifersüchtig zu sein.

Wann wird der Alte endlich zu quatschen aufhören, dachte der zweite Direktor. Lilo wird ungeduldig werden. Lilo war seine Freundin. Er hatte ihr versprochen, das Wochenende mit ihr in Cannes zu verbringen. Seiner Frau hatte er eingeredet, daß die Firma sich jetzt, außer in Rom und in Stockholm, auch in der Bundesrepublik niederlassen wolle und daß er deshalb nach Düsseldorf fliegen müsse. Während des Wochenendes? hatte Klothilde ironisch gefragt. Ja, während des Wochenendes, hatte er geantwortet. An den anderen Tagen ist er eben unabkömmlich. Er wußte schon lange, daß Klothilde ihm nicht mehr glaubte, und es war ihm egal. Sie hatte auch schon den Wunsch nach Scheidung geäußert, aber er wird sich hüten. Er weiß genau, daß in der Ehe aus jeder Lilo eine Klothilde wird. Er müßte das Haus aufgeben, den Bungalow in Velden und vor allem seine Bequemlichkeit. Klothilde war eine gute Hausfrau. Auch ihre Kochkünste waren nicht zu verachten. Man kann eben nicht alles haben. Das heißt, bis jetzt geht es ja ganz gut. Klothilde ist eine Frau in seinem Alter, sie ist immer da, wenn man sie braucht, ihre Anwesenheit wirkt beruhigend. Lilo ist jung und schön – und anstrengend. Freilich, ihre Liebe bestätigt ihm, daß er seine Wirkung auf Frauen noch nicht verloren hat, aber – um ehrlich zu sein – wie oft hatte er schon gedacht, um wieviel schöner es jetzt wäre, zu Hause im Garten im Liegestuhl zu liegen, als zwischen zwei Frauen zu stehen. Neidisch blickte er auf seinen Nachbarn, den PR-Manager. Er ist ledig, ihm machen die Frauen keine Sorgen.

Bla, bla, bla, dachte der PR-Manager. Der Alte hört wieder einmal nicht zu reden auf. Soll er, wenn es ihm Freude macht. Er weiß sowieso nicht, was er mit dem Nachmittag beginnen wird. Mit Margit ist es aus – mit Hanna hat es noch nicht angefangen. Hanna ist schwierig. Schlechte Erziehung. Ein bißchen voriges Jahrhundert. Hanna möchte am liebsten ein schriftliches Heiratsversprechen haben, bevor sie mit ihm ins Bett geht. Er denkt nicht daran. Er ist jung, das Leben liegt vor ihm – er will sich nicht binden. Freilich ist er um das vor ihm liegende Leben nicht restlos zu beneiden. Wie wird z. B. der heutige Nachmittag aussehen. Er wird nach Hause kommen, wird eine Konservenbüchse öffnen – Suppe, das geht am schnellsten – und wird eine Dose Bier dazu trinken, anstatt wie ein anderer von einer jungen Frau empfangen zu werden. Von *seiner* jungen Frau. Sie würde ihn umarmen, würde ihn küssen, sie würden sich zu Tisch setzen, sie in ihrem kuschelweichen, hautfreundlichen Schlafrock, er in seinem bunten, pflegeleichten Hausanzug für junge Leute, sie würden Kaffee trinken, den mit dem großen Aroma – zu dumm! Warum muß er immer in Werbeslogans denken? Klar, weil das sein Beruf ist. Er haßt diesen Beruf, wie er das Alleinsein haßt. Voller Neid blickt er auf seinen Nachbarn, den Leiter der Rechnungsabteilung. Er steht knapp vor der Pensionierung, hat eine Frau, eine Tochter, zwei reizende Enkelkinder – der kennt bestimmt keine Langeweile.

Wenn der Alte nicht bald zu reden aufhört, denkt im sel-

ben Augenblick der Leiter der Rechnungsabteilung, schlafe ich ein. Zu Hause wartet seine Familie. Seine Frau, seine Tochter, sein Schwiegersohn und die beiden Enkelkinder. Besonders der beiden letzteren wegen hatte er ein schlechtes Gewissen. Er hat ihnen versprochen, am Nachmittag mit ihnen in den Zirkus zu gehen, und jetzt sitzt er da und weiß nicht warum. Was geht ihn der ganze Betrieb noch an, wo er doch bald in Pension gehen wird. Die Kinder hatten sich so auf die Clowns gefreut, Gut, er wird ihnen etwas mitbringen und wird sie morgen in den Zirkus führen. Heute wird er eben mit ihnen zu Hause bleiben. Seine Frau war ja zu einer Damenjause eingeladen, seine Tochter und sein Schwiegersohn hatten auch etwas vor, also wird er wieder einmal den Babysitter spielen. Natürlich werden die lieben Kleinen, die zum Stolz ihrer Eltern antiautoritär erzogen werden, wie immer miteinander streiten, werden sich allen seinen Anordnungen widersetzen, werden laut werden, werden schreien, brüllen, kreischen, toben – und er hätte so gerne ein bißchen Ruhe. Ob die anderen zwölf Direktionsmitglieder, die da um den grünen Tisch herumsitzen, auch ihre Probleme haben?
Sie haben sie, und alle hängen ihren Gedanken nach. Die Rede des Generaldirektors ist zu Ende. Einen Augenblick ist es still, dann – durch die plötzlich eingetretene Ruhe aus ihren Betrachtungen gerissen – schrecken alle auf. Der Generaldirektor merkt es. »Nun, da Sie alle wieder hier sind«, sagt er, »werde ich mit meinen Ausführungen beginnen.« Und er fängt von vorne an. Er spricht von schwarzen und roten Zahlen, von der Krise in der Tochtergesellschaft, von der Notwendigkeit einer Umstrukturierung in verschiedenen Bereichen des Un-

ternehmens, von den wirtschaftlichen Beziehungen zum Ausland, von einer gezielteren Werbung, von Veränderungen im Management usw. usw.

Geübte Redner wissen genau den Augenblick, in dem sie das Interesse ihrer Zuhörer verlieren. Das geschieht meistens eine halbe Stunde bevor sie zu reden aufhören.

Ein Mensch, der Kummer hat, sucht die Gesellschaft eines andern, der ebenfalls Kummer hat, anstatt zu bedenken, daß es besser ist, in einem *Knie Arthritis zu haben als in beiden. Aus dieser Erkenntnis heraus, schuf man*

Die Kummernummer

Unsere Postdirektion sorgt für uns. Sie gab uns die Kummernummer. Wann immer Sie seelisches Leid empfinden, rufen Sie die Kummernummer an – 651 651 –, und es wird Ihnen Trost werden.
Ferdinand war soweit. Er war einsam. »Lieber Gott«, betete er eines Abends vor dem Einschlafen, »schick mir jemanden, mit dem ich mich aussprechen kann.« Am nächsten Tag schlug er die Zeitung auf und las von der Kummernummer. Gott hatte ihn erhört – also ging er hin und rief an.
»Hier ist die Kummernummer«, meldete sich eine freundliche Männerstimme. »Kann ich Ihnen helfen?«
»Ich hoffe es«, sagte Ferdinand. »Ich bin einsam und habe Sorgen. Mir wäre schon gedient, wenn Sie mich anhören würden. Ich habe ein Problem.«
»Sprechen Sie«, sagte die Stimme gütig.
»Sie kennen mich nicht«, begann Ferdinand. »Ich bin jung, sehe halbwegs gut aus, habe ein Mädchen kennengelernt, wir lieben uns, und ich möchte es heiraten.«
»Und?« erkundigte sich die Kummernummer. »Wo ist das Problem?«
»Es gibt da gewisse Dinge in meiner Familie, über die ich meine Braut unterrichten müßte.«
»Was für Dinge sind das?«
»Ich habe vier Geschwister. Drei Brüder und eine Schwester. Mein ältester Bruder ist Politiker.« Er hielt inne.
»Sprechen Sie weiter«, sagte die Stimme.
»Mein zweiter Bruder hat wegen Vergewaltigung eines minderjährigen Knaben eine Zuchthausstrafe bekommen. Mein dritter Bruder wird wegen Heroinschmug-

gels von Interpol gesucht, meine Schwester ist sechzehn und ist bereits Bardame.«

»Sprechen Sie weiter«, wurde Ferdinand von der gütigen Stimme, wenn auch bereits gedämpfter, aufgefordert.

»Meine Mutter ist meinem Vater mit einem Hoteldieb durchgegangen, worauf mein Vater zum Säufer wurde. Er befindet sich zur Zeit in einer Anstalt. Mein Onkel ist Bankräuber, meine Tante Kupplerin. Einer meiner Vettern hat einen Museumsdiebstahl begangen, ein anderer hat einen Juwelier erschlagen. Jetzt weiß ich nicht –«, Ferdinand hielt inne.

»*Was* wissen Sie nicht?« erkundigte die Kummernummer sich voller Mitgefühl.

»Jetzt weiß ich nicht«, wiederholte Ferdinand, »ob ich meiner Braut gestehen soll, daß mein ältester Bruder Politiker ist!«

Sage immer die volle Wahrheit. Wenn man die halbe Wahrheit sagt, weiß man nie, ob es nicht die falsche Hälfte war.

»Ein gebranntes Kind scheut das Feuer«, sagt ein Sprichwort. »Ein gebrannter Onkel scheut das Kind«, sage ich. »Was hat man dir, du armes Kind, getan?« fragt Goethe. »Was hat man mir, mir armem Onkel, getan?« frage ich. »Ein geliebtes Kind trägt viele Namen«, sagt ein russisches Sprichwort. Mein Neffe Ladi trägt auch viele Namen, sage ich, und ich könnte noch einige dazugeben, aber sie würden nicht in dieses dezente Buch passen. Schließlich handelt es sich bei mir um Familienlektüre. Warum ich so wütend bin?

Ladi will zum Fernsehen

Ich saß im Kaffeehaus und arbeitete. Ich schrieb eine neue Doppelconférence. Sie werden sagen, das ist keine Arbeit – und doch. Es *ist* eine. Eine Arbeit, die ich gern im Kaffeehaus erledige. Ich brauche die Atmosphäre. Der Duft des Kaffees, das leise Raunen der Gäste, das »Ssss« der Espressomaschine, das »Habe d'Ehre, Herr Doktor« des Obers Anton – alles das ergibt einen Backgroundsound, der mich inspiriert. Viele meiner Kollegen arbeiteten im Kaffeehaus: Franz Molnár, Alfred Polgar, Egon Friedell – zugegeben, sie waren erfolgreicher als ich. Wieso? Ich weiß es nicht. Entweder hatten sie mehr Talent oder ein besseres Kaffeehaus. Plötzlich trat mein Neffe Ladi ein. Ladi, damals acht, pflegte mich öfter im Kaffeehaus zu besuchen. Er kannte schon meinen Stammplatz und kam daher geradewegs auf mich zu.

»Servus, Onkel!« grüßte er.

»Servus, Ladi! Setz' dich zu mir. Laß' dir eine Schokolade und eine Torte geben, der Anton wird dir die neuen Illustrierten bringen, aber stör' mich nicht. Ich habe zu schreiben.«

»Was schreibst du?«

»Eine Doppelconférence. Ein Fahrer vom Fernsehen holt sie in einer Viertelstunde ab.«

»Was ist das, eine Doppelconférence?«

»Das habe ich dir doch schon so oft erklärt ...«

»Ich habe es aber nie verstanden. Du hast immer gesagt, eine Doppelconférence ist ein Gespräch zwischen einem Gescheiten und einem Dummen, und wenn ich sie dann gelesen habe, waren immer beide dumm.«

»Das stimmt.« Anton, der meinen Neffen kannte, brachte, ohne daß er es bestellt hatte, Schokolade, Torte und Illustrierte. »Ich werde es dir anders erklären«, setzte ich das Gespräch fort. »Es gibt da noch aus der Zeit der Monarchie einen uralten Witz, der die Basis aller Doppelconférencen sein könnte, der vielleicht sogar die erste Doppelconférence war. Ich werde ihn dir erzählen. Paß auf: Zwei Männer aus Lemberg im alten Galizien trafen sich zufällig in Wien. ›Was gibt es Neues in Lemberg?‹ fragt der eine. ›Nichts‹, sagt der andere. ›Das ist doch nicht möglich‹, sagt der erste wieder, ›etwas Neues muß es doch geben.‹ ›Wenn du glaubst?‹ sagt der zweite: ›Ein Hund hat gebellt.‹ ›Ein Hund hat gebellt?‹ fragt der erste. ›Warum hat ein Hund gebellt?‹ ›Weil die Feuerwehr gekommen ist‹, sagt der zweite. ›Die Feuerwehr ist gekommen?‹ fragt der erste, jetzt schon etwas beunruhigt. ›Warum ist die Feuerwehr gekommen?‹ ›Weil es in deinem Haus gebrannt hat‹, antwortet der zweite. Der erste erschrickt. ›In meinem Haus hat es gebrannt?‹ ruft er aus. ›Wieso hat es in meinem Haus gebrannt?‹ ›Weil der Vorhang Feuer gefangen hat.‹ ›Der Vorhang hat Feuer gefangen? Wieso hat der Vorhang Feuer gefangen?‹ ›Weil es stürmisch war und die Kerze zu nahe beim Fenster gestanden ist.‹ ›Was für eine Kerze ist zu nahe beim Fenster gestanden? Seit wann brennen in meinem Haus Kerzen?‹ ›Es war eine der Kerzen, die neben dem Sarg deines Onkels gestanden sind.‹ ›Neben dem Sarg meines Onkels?‹ jeiert der zweite. ›Mein Onkel ist tot? Woran ist er gestorben?‹ ›Der Schlag hat ihn getroffen‹, sagt der zweite. ›Der Schlag? Meinen Onkel?‹ schluchzt der erste. ›Wie ist das gekommen?‹ ›Er hat sich so aufgeregt, wie man seinen Sohn, deinen Cousin, verhaftet hat.‹ ›Meinen Cousin hat man verhaftet?‹ schreit der zweite auf. ›Warum hat man meinen Cousin verhaftet?‹ ›Weil er einen Scheck gefälscht hat‹, sagt der zweite. Der erste beruhigt sich. ›Einen Scheck hat er gefälscht?‹ wiederholt er. ›Das ist doch nichts Neues.‹ Drauf der zweite: ›Ich hab' dir doch gesagt, es gibt nichts Neues in Lemberg.‹«

Ladi lachte. »Das ist gut«, sagte er. »So etwas möchte ich auch einmal schreiben! Glaubst du, daß ich das kann?«

»Bestimmt«, meinte ich gönnerhaft.

»Für das Fernsehen?«

»Vielleicht. Es ist gar nicht so schwer. Das Wichtigste ist der erste und der letzte Satz. Die müssen ganz dumm sein. Sag' einmal einen dummen Satz.«

»Bei dir zu Haus wurde eingebrochen«, sagte Ladi.

»Sehr gut«, lobte ich ihn und fuhr fort: »Hast du die Polizei verständigt?«

»Nein«, sagte Ladi.

»Und warum nicht?«

»Ich habe mir gedacht, du wirst versichert sein.«

»Ich bin *nicht* versichert. Aber jetzt muß schon der erste Lacher kommen. Ich frage dich: Ist dein Vater versichert?«

»Ja.«

»Das ist klug von ihm. Als Geschäftsmann *muß* er versichert sein. Wenn man heute bei ihm einbricht, bekommt er den Schaden ersetzt.«

»Das glaube ich nicht«, meinte Ladi.

»Warum nicht?«

»Weil er gegen Feuer versichert ist.« Wir lachten.

»Das ist ganz gut«, sagte ich, »aber noch nicht typisch Doppelconférence. Die Pointen müssen schneller hintereinander kommen. Sag' noch einen Satz.«

»Was für einen?«

»Irgendeinen. Bei einer Doppelconférence sind die Zusammenhänge nicht so wichtig. Die Hauptsache ist, daß gelacht wird. Also sprich.«

Ladi dachte kurz nach, dann sagte er: »Unsere Nachbarin ist gestorben und hat ihrem Hund ihr ganzes Vermögen vermacht. Leider hat er es nicht bekommen.«

»Wieso nicht?« fragte ich.

»Die Katze hat das Testament angefochten.« Wir lachten wie die Kinder.

»Es ist lobenswert«, fuhr ich fort, »wenn man ein Tier liebt. Ich zum Beispiel habe einen Kater, der ist für mich wie ein Bruder.«

»Deshalb die Ähnlichkeit«, sagte Ladi und lachte. Ich beschränke mich darauf zu lächeln. Ich fand die Pointe geschmacklos. »Weiter!« sagte ich kurz.

»Onkel Otto«, sprach Ladi weiter, »der Mann von Tante Amanda, hat auch einen Kater.« Aha, dachte ich, er sucht schon Übergänge.

»Was ist denn der Mann von Tante Amanda?« Ich wußte natürlich, daß er Bankangestellter ist, aber Ladi sagte überraschenderweise: »Er verkauft Pferdewagen.« Ich stellte mich dumm. »Pferdewagen?« fragte ich. »Seit fünfzig Jahren kauft man keine Pferdewagen mehr.« Ich muß gestehen, ich war neugierig auf die Antwort. »Er hat auch noch keinen verkauft«, sagte Ladi. Wieder lachten wir. Der Scherz war gar nicht so schlecht. Ich beschloß, ihn in meine Doppelconférence einzubauen.

»Heute wollen die Leute nur Autos«, sprach Ladi weiter.

»*Habt* ihr ein Auto?« erkundigte ich mich, obwohl ich genau wußte, daß sein Vater eines hatte.

»Ja«, sagte Ladi, »wir haben eines. Mein Vati hatte sogar schon einmal einen Autounfall und lag im Spital. Bei ihm

im Zimmer lag ein zweiter Herr, ein gewisser Herr Pfister.«
»Warum betonst du das so?«
»Weil er meinen Vati gefragt hat, warum er im Spital liegt.«
»Und was hat dein Vati gesagt?«
»Er ist zu schnell gefahren. Drauf hat er den Herrn Pfister gefragt, warum er im Spital liegt.«
Erstaunlich, dachte ich. Der Bub weiß schon, wie man eine Pointe vorbereitet. »Und was hat der Herr Pfister gesagt?« fragte ich.
»Er ist zu langsam gegangen.« Diesmal lachten wir wieder beide. Ich nahm mir vor, auch diese Pointe in meine Doppelconférence aufzunehmen.
Ladi schien an der Sache Gefallen zu finden. »Im letzten Winter war mein Vati in Rom«, begann er wieder.
Ich tat interessiert. »Was hat er dort gemacht?« fragte ich.
Drauf Ladi: »Das möchte meine Mutti auch gerne wissen.« Wir unterhielten uns bereits königlich. »Ich weiß nur«, setzte Ladi fort, »daß er zu Onkel Robinson gesagt hat, daß er auf einem Maskenball war und daß er zu einer Dame gesagt hat: ›Ich werde heute die ganze Nacht von dir träumen!‹ Drauf hat die Dame gesagt: ›Du hast ja mein Gesicht noch gar nicht gesehen.‹«
Jetzt war ich neugierig: »Und was hat dein Vati gesagt?« fragte ich.
»Mein Vati hat gesagt: ›Vom Gesicht werde ich ja auch nicht träumen!‹«
»Ladi!« sagte ich, mit einem Versuch streng zu sein. Dabei hörte ich schon das Publikum lachen, wenn Harald Juhnke das auf der Bühne sagen wird. Ich wußte nicht,

woher Ladi diesen Witz hatte, aber ich war fest entschlossen, ihn zu verwenden. Für eine Doppelconférence war er mir eigentlich zu schade. Ich werde ein Boulevardstück drumherum schreiben. »Dein Vater war also in Rom«, sprach ich weiter, in der Hoffnung, nicht nur einiges über meinen Schwager zu erfahren, sondern auch noch ein paar gute Gags zu bekommen.
»Ja«, antwortete Ladi, »und die Mami hat neulich der Omi erzählt, daß er seither wie verrückt nach ihr ist. Sogar im Schlaf sagt er, wie schön sie ist und wie er sie liebt. Nur –« Ladi zögerte.
»Was nur?« fragte ich neugierig.
»Nur nennt er sie immer Rosita, und meine Mami heißt Hermine.« Jetzt lachten schon die Leute an den Nebentischen mit uns.
»Weiter!« sagte ich begierig. »Was hat dein Vater sonst noch gesagt? Zum Onkel Robinson oder zum Onkel Spannagl?«
»Zum Onkel Spannagl hat er gesagt, daß er den Onkel Joschi mit einer Weltkatze gesehen hat. ›So schön war sie?‹ fragte der Onkel Spannagl. ›Schön war sie überhaupt nicht. Eher häßlich‹, sagte mein Vati. ›Warum hast du dann gesagt, daß du den Joschi mit einer Weltkatze gesehen hast?‹ fragte Onkel Spannagl.«
»Und?« drängte ich begierig. »Was hat dein Vati drauf gesagt?«
»Mein Vati hat drauf gesagt: ›Weißt du denn nicht, wie die Welt heute ausschaut?« Jetzt lachte schon das ganze Kaffeehaus. Hoffentlich habe ich mir die Pointen alle gemerkt. In einer Viertelstunde kommt der Fahrer vom Fernsehen – bis dahin mußte ich sie schon aufgeschrieben haben.

»Genug«, sagte ich deshalb. »Du weißt jetzt, was eine Doppelconférence ist. Wir haben mit dem dummen Satz ›Bei mir zu Hause wurde eingebrochen‹ begonnen – und sind über den Hund deiner Nachbarin, den Kater deiner Tante Amanda, über deine Eltern, über einen Maskenball in Rom, über Onkel Robinson, Onkel Spannagl und Onkel Joschi bis zur heutigen Weltlage gekommen. War das nicht schön?«

»Sehr schön!« sagte Ladi kindlich. »Aber –« er stockte.

»Was noch?« fragte ich gütig, mit dem festen Entschluß, ihm die Pointen zu stehlen.

»Der Satz ›Bei dir zu Hause wurde eingebrochen‹ war gar kein dummer Satz.«

»Wieso nicht?«

»Bei dir zu Hause wurde wirklich eingebrochen. Die Tante hat mich geschickt, damit ich es dir sage. Du sollst schnell nach Hause kommen!« Großer Lacher bei den Gästen, ich sprang auf, warf den Tisch um und stürzte auf die Straße. Als ich nach Hause kam, war die Wohnung halb ausgeräumt. Bilder, Teppiche – alles weg.

Und doch gab es einen Tropfen Freude in meinem Wermutbecher: Ich glaube gehört zu haben, daß ich, als ich das Kaffeehaus verließ, einen Abgangsapplaus hatte.

Man sagt, die Zeit heilt alle Wunden. Versuchen Sie nur ja nicht, diese Wunden durch einen Arzt heilen zu lassen. Probieren Sie es mit Tapetenwechsel, machen Sie Kuren, gehen Sie auf Urlaub. Heute, in der Zeit des Aktivurlaubs, genügt es natürlich nicht, nur einen *Urlaub zu machen. Heute braucht man einen*

Urlaub vom Urlaub vom Urlaub vom Urlaub ...

Robinson kam ins Kaffeehaus. Moment! *War* das Robinson? Mit fahlem Gesicht, müden Augen und eingefallenen Wangen schlich er dahin und erreichte mit Mühe unseren Tisch. »Von wo kommst du?« fragten wir ihn. (Wir, das waren Wronsky, Spannagl und ich.)
»Vom Urlaub«, hauchte Robinson und fiel in einen Stuhl. Was war geschehen? Nach und nach erfuhren wir es:
Robinson und seine Frau Mela hatten wieder einmal Streit gehabt. Es war wegen des Urlaubs. Solange sie im Sommer einige Wochen in Kitzbühel verbracht hatten, in St. Moritz oder auf einer Kreuzfahrt, war Robinson einverstanden gewesen. Nach dem langen Winter, den er teils in seiner Anwaltskanzlei, teils bei den verschiedenen Gerichten verbracht hatte, wollte er seine Ferien an einem Ort verbringen, an dem etwas los war. Er wollte scherzen, tanzen, flirten. Mela hatte das immer eingesehen. Plötzlich will sie Kuren machen. Wovon will sie geheilt werden? Sie hat keine Krankheit. Sie behauptet, Kuren erleichtern das Älterwerden, verbessern die Figur und stärken das Selbstbewußtsein. Robinson wieder bleibt dabei, daß man Kuren nur dann macht, wenn man krank ist und daß man sie auch in diesem Fall zu Hause machen könne. Wie sagt Alfred Hitchcock? Die beste Kur gegen eine kranke Kehle? Schneiden Sie sie durch. Aber jeder ist nicht Alfred Hitchcock. Und Mela hat keine kranke Kehle. Ihr fehlt überhaupt nichts. Sie will, wie schon im vorigen Jahr, nach Warmbad Villach fahren, will sich hegen lassen, pflegen lassen, massieren lassen, renovieren lassen, will baden, schwimmen, turnen und joggen, will Alkohol und Nikotin meiden, will früh ins Bett gehen und früh aufstehen – alles ihrer Schönheit zu-

RANS.

liebe. Das macht Robinson nicht mit. Er will einen Aktivurlaub haben. Aktivurlaub ist »in«. Man läßt sich nicht mehr pflegen. Man reitet und surft, segelt und klettert, marschiert und trainiert, durchquert und übersteigt, spielt Tennis und Golf, taucht oder fliegt Drachen oder Ballon. Man kann sich dabei, wie es in den Prospekten der Reisebüros steht, verwirklichen, kann an seine Grenzen gehen und Träume erfüllen. Man kommt auch nicht mit einer Kaffeetasse nach Hause, auf der »Gruß aus Warmbad Villach« steht, man bringt eine Menge mit: tolle Filme, einmalige Fotos, hochinteressante Berichte. Man kann herzeigen, erzählen, kann auf die Pauke hauen. Man ist plötzlich ein Held – und das wollte er sein. Allerdings kommt man nicht mehr ausgeruht nach Hause, sondern ausgemergelt, ausgepumpt, abgemagert und krank. Nichtsdestoweniger – er setzte seinen Willen durch.

Mela fuhr nach Warmbad Villach, Robinson auf Aktivurlaub. Das Reisebüro stellte ihm einen solchen zusammen. Er flog nach Kanada, machte eine Bärenjagd mit, lernte ein Mädchen kennen, das immer tanzen wollte, besah sich die Rocky Mountains, wurde nach Brasilien in das Amazonasgebiet getrieben, lernte ein Mädchen kennen, das immer tanzen wollte, durchquerte einen tiefen Dschungel, lernte ein Mädchen kennen, das immer tanzen wollte, ausgezehrt, fast tropenkrank und kaputt kam er nach Hause, wo ihn Mela, ausgeruht und erholt, erwartete. »Ich brauche einen Urlaub vom Urlaub«, stöhnte er. »Ich fahre ans Meer und erhole mich von den Strapazen.«

Ich werde faulenzen, nahm er sich vor, im Sande liegen, sonst nichts. Die Fahrt ans Meer war eine Tortur. Hitze,

Kolonnen. Gerädert kam er an. Er mietete sich in einem Firstclasshotel ein – und firstclass war auch das Freizeitangebot, auf das man ihn hinwies. Robinson winkte ab. Man sagt: »Ein Tag ohne Lachen ist ein Tag ohne Sonne«, und ein Tag ohne Sonne war Robinsons erster Ausruhferientag. Nichts war mit dem »im Sande liegen«. Es regnete. Macht nichts, dachte Robinson, bleibe ich im Bett. Nach dem Abendessen war er bereits wieder fit, er ging in die Bar, lernte ein Mädchen kennen, das immer tanzen wollte, traf einen Kollegen aus Wien, der ihn mit einer lustigen Gesellschaft bekanntmachte, und es war zwei Uhr früh, als er wieder ins Bett fiel. Macht nichts, dachte er, morgen schlafe ich bis Mittag. Er schlief tiefer als ein Murmeltier, das vor dem Winterschlaf zwei Valium eingenommen hat, aber um sieben Uhr weckte ihn der Portier. Er hatte vergessen, daß er für acht Uhr früh mit einem Herrn aus der Bar eine Tennispartie vereinbart hatte. Verflucht! dachte er, aber macht nichts, den werde ich schon schaffen. Er biß alle Zähne zusammen, die er zum Zusammenbeißen hatte, aber es nützte nichts. Der andere schaffte *ihn*. Macht nichts, dachte er, nach dem Frühstück werfe ich mich in den Sand.
Nach dem Frühstück kam ein scharfer Wind auf, eine steife Brise, wie geschaffen zum Surfen.
»Da sind Sie ja!« kam das Mädchen, das immer tanzen wollte. »Sie haben doch gestern erzählt, daß Sie so ein guter Surfer sind. Jetzt können Sie es beweisen.«
Robinson dankte Gott, daß er sein Surfbrett nicht mitgenommen hatte. »Leider«, bedauerte er, »ich habe mein Surfbrett nicht mit.«
»Das macht nichts«, sagte das Mädchen, das immer tanzen wollte, »in der Rezeption können Sie eines borgen.«

Was blieb Robinson übrig? Er borgte sich ein Surfbrett und surfte bis Mittag. Macht nichts, dachte er, nach dem Essen lege ich mich in den Sand.
Kaum lag er im Sand, als sein Kollege, der Anwalt, kam. »Ich habe gesehen, was Sie für ein toller Surfer sind«, sagte er, »da haben Sie sicher eine Nase für den Wind. Wir machen eine Segelpartie zur Insel. Sie müssen unbedingt mitkommen.«
Robinson schüttelte den Kopf. »Ich bin wahnsinnig –« müde, wollte er sagen, aber da erschien das Mädchen, das immer tanzen und surfen wollte, und rief erfreut: »Sie kommen doch mit uns, Doktor?!« Also sagte er: »Ich bin wahnsinnig – scharf auf Segelpartien« und bestieg mit den anderen das Boot. Die Hinfahrt war ein Genuß, die steife Brise war geblieben, sie kreuzten hart am Wind dahin – aber die Rückfahrt! Auf der Rückfahrt kam Sturm auf. Die Leute waren keine erfahrenen Skipper, Robinson fiel dreimal ins Wasser, einmal tauchte er unter dem Boot durch, schlug sich beim auftauchen den Kopf an, hatte eine Rißwunde, blutete – aber sie kamen zu Hause an. Wieso, das konnte keiner sagen. Das Abenteuer muße natürlich gefeiert werden, und es war drei Uhr früh, als Robinson ermattet ins Bett fiel.
Mit dem Ausschlafen war es wieder nichts. In seiner Begeisterung hatte er während des Feierns dem Mädchen, das immer tanzen, surfen und segeln wollte, einen Ritt zu einem berühmten Kloster versprochen. Der Ritt wäre ein Erlebnis für einen Cowboy gewesen – für Robinson war er keines. Je höher die Sonne stieg desto qualvoller wurde er. Natürlich wollte er das das Mädchen, das immer tanzen, surfen, segeln und reiten wollte, nicht merken lassen – also ließ er sich mit den letzten Kräften

durch das Kloster schleppen, um die berühmten Fresken zu besichtigen. Wenn ihn etwas *nicht* interessierte, dann waren es Fresken. Aber er zeigte sich begeistert und beneidete die Klosterbrüder, die in ihren kühlen Stühlen saßen, ohne tanzen, surfen, segeln oder reiten zu müssen. Beim Nachhausereiten brannte ihm die Sonne ins Genick, so daß er einen Sonnenbrand bekam, und als sie am Abend vor dem Hotel ankamen, fiel er wie ein Sack vom Pferd.

Aber schon war der Wiener Kollege wieder da. »Da sind Sie ja, Robinson!« rief er und schlug ihn mit der Hand auf den Sonnenbrand. »Sie kommen doch am Abend zum Sommerfest?«

»Ach ja!« bat das Mädchen, das immer nur tanzen, surfen, segeln und reiten wollte, »das wäre super! Da gibt es ganz tolle, lustige Spiele!«

Robinson fand die Spiele, die es gab, weder toll noch lustig. So mußten z. B. die Tänzer, und zu denen gehörte er ja, unter einer Latte durchtanzen, die immer niedriger gesteckt wurde, so daß er zum Schluß mit seiner Partnerin auf dem Bauch durchkriechen mußte. Aber er wurde bejubelt, das Mädchen, das immer tanzen, surfen, segeln, reiten und lustige Spiele spielen wollte, gab ihm einen Kuß, vom Hotel bekamen die beiden eine Flasche Sekt, die Musik spielte einen Tusch, und während ihm die Damen um den Hals fielen, fielen ihm bereits die Augen zu.

Am nächsten Tag kroch er zeitig aus dem Bett, schlich sich in die Rezeption, bezahlte und fuhr ab. Vom Meer hatte er genug. Er wird auf ein paar Tage in die Berge fahren. Die Fahrt ins Gebirge war wieder eine Qual. Starker Reiseverkehr in beiden Richtungen. Macht nichts, dach-

te er, einmal angekommen, werde ich nur auf der Terrasse liegen.
Er mietete sich in einer Firstclasshütte ein. Am Abend lernte er ein junges Mädchen kennen. »Was machen Sie morgen?« erkundigte er sich. Er konnte das ruhig wagen. Hier gab es weder eine Gelegenheit zum Tanzen noch zum Surfen noch zum Segeln noch zum Reiten noch zum Spielen von lustigen Spielen. Er hoffte, sie würde sagen: »Ich mache gar nichts. Ich liege auf der Terrasse, lasse meine Seele baumeln und werde mich freuen, wenn Sie mir Gesellschaft leisten.« Sie sagte es *nicht.* Sie sagte: »Morgen gibt es eine einmalige Sache. Eine Gletscherschitour. Sie müssen mitkommen.«
»Leider«, beteuerte Robinson mit falschem Lächeln. »Ich habe meine Schier nicht bei mir.«
»Die können Sie sich ausborgen«, meinte das Mädchen und leitete gleich alles in die Wege. Also gab es am nächsten Tag eine Gletscherschitour, am übernächsten eine geführte Klettertour durch eine interessante Wand, am überübernächsten eine selektive Überquerung – aber da war Robinson nicht mehr da. Bei Nacht und Nebel hatte er sich davongemacht.
Jetzt, sagte er sich, fahre ich in irgendein Nest, wo es weder Berge noch Wasser noch Sport noch Spiele gibt. Es war gar nicht leicht, ein solches zu finden, da auch die kleinsten Orte bereits ihre speziellen Angebote hatten. Endlich fand er ein Traumnest in einer ganz einfachen Gegend. Er atmete auf. Hier gab es wirklich nichts. Er war die häßlichste Gegend, die er jemals gesehen hatte. Hier werde ich mich erholen, sagte er sich.
Er mietete sich im erstbesten Gasthof ein. Der Wirt empfing ihn mit erhobenen Armen. »Sie haben Glück!« rief

er aus. »Morgen gibt es ein großes Preisschnapsen, übermorgen haben wir ein Wettkegeln, überübermorgen ein Sackhüpfen für Erwachsene, am Samstag –«
Robinson trat die Heimfahrt an. Gleich am ersten Tag ging er zu seinem Arzt Dr. Merzenberger. Der untersuchte ihn und sagte: »Sie müssen Urlaub machen.«
Als ich bei Robinson anrief, sagte die Sekretärin: »Der Herr Doktor ist nicht hier« – und legte den Hörer auf. Ich konnte mir denken, wo er war. Er machte Urlaub vom Urlaub vom Urlaub vom Urlaub.
Erst später erfuhr ich, daß er vor seiner Abreise zu Mela gesagt hatte: »Nächstes Jahr fahren wir wieder nach Warmbad Villach.« Drauf sie: »Da kannst du allein fahren – ich mache einen Aktivurlaub.« Was sie nicht gesagt hatte, war, daß sie einen jungen Mann kennengelernt hatte, der immer tanzen, surfen, segeln, reiten und lustige Spiele spielen wollte.

So ist das Leben!« haben schon viele Dichter gesagt. Ich kann dem nur hinzufügen: »So ist es.«

Manche Menschen denken, daß sie denken, dabei sind ihre Gedanken bloß eine Zusammenfassung der gestrigen Zeitungsnachrichten. Es ist schlecht, wenn man zuwenig denkt, und schlecht, wenn man zuviel denkt. Besonders das »Zuvieldenken« kann in unserer Zeit große Auswirkungen haben. Das beweist:

Der denklose Tag

Die Welt war kopflastig geworden, total verhirnt. Alles wird vom kalten Verstand aus geregelt, von der Ratio gelenkt, die Gefühlswelt ist ins Hintertreffen geraten. Denken ist die Devise, auch wenn man sich dabei den Kopf zerbricht. Dieser verschaukelte Zustand wurde besonders in dem kleinen Land Austurika als sehr betrüblich empfunden.
Der Kleinstaat Austurika konnte auf eine große Vergangenheit zurückblicken. Nicht nur viele bedeutende Musiker, Maler und Poeten stammten aus Austurika, o nein, auch viele Fußballer, Schiläufer und Tennisspieler. Die Bevölkerung Austurikas galt als lebensfroh und gemütlich, sie pflegte und förderte die alten Künste – kein Wunder also, daß die Leute Austurikas diesen Trend zur kalten Verhirnung als besonders schmerzlich empfanden. Unbehagen lastete in ihren Herzen, sie wurden ihres Daseins nicht froh, und viele, die den kalten Verhirnungsprozeß mitgemacht hatten, verloren ihre Identität und suchten in Drogen einen ausweglosen Ausweg. Auch das Singen freute sie nicht mehr, und sangen sie schon einmal so wie früher »Im Prater blüh'n wieder die Bäume«, dann gab es sofort eine Fernsehdiskussion über dieses Thema. Fragen tauchten auf wie: »Warum betont man es, daß die Bäume wieder blühen? Haben sie im vorigen Jahr *nicht* geblüht? Werden sie im nächsten Jahr blühen? Waren sie krank und sind sie gesund geworden? Wie steht es mit dem Waldsterben?« Und wieder wurde gedacht und gedacht. Blabla in Reinkultur.
Kein Wunder, daß in Austurika immer mehr Stimmen laut wurden, die von der Regierung verlangten, daß sie gegen diese verdammte Verhirnung etwas zu unternehmen habe – und zwar endlich! Lange genug habe man ge-

RANG.

wartet. Die Regierung aber war ratlos. Der Kanzler meinte, daß man jeden Schlag gegen das Denken überdenken müsse und daß man Experten zuziehen werde. Im Vertrauen: Die Regierung hatte nie viel gedacht, gedacht hatten nur die Politiker: erstens an die nächsten Wahlen, zweitens, wie man sie gewinnen und drittens, welche Vorteile sie daraus schinden könnten. Was sollte also die Regierung gegen das Denken unternehmen? Noch dazu endlich!

Inzwischen machte sich das Denken gegen das Denken in Austurika immer mehr breit. Gedankentiefe Bücher wurden gegen das Denken geschrieben. Die größten Denker Austurikas zergrübelten sich den Kopf, um einen gangbaren Ausweg aus dem Denken zu finden.

In diesem Gedankenhinundher tauchte plötzlich von irgendeiner Seite der Vorschlag auf, man möge ganz einfach einen Tag ohne Denken einführen. Der Gedanke wurde von der Opposition aufgegriffen und – zusammen mit dem Hintergedanken, der Regierung zuvorzukommen – ins Parlament getragen. Zu spät! Auch die Regierung hatte ihre Gedanken gegen das Denken überdacht. Eine außerordentliche Denksitzung wurde einberufen.

»Die Regierung«, begann der Oppositionssprecher, »hat mit ihrem Denken dem Land viel Unheil gebracht. Wenn wir ihr heute den Vorschlag machen, einen gedankenlosen Tag einzuführen, kann sie uns denkbarst dankbar sein.« Applaus bei der Opposition. »Die Opposition«, konterte der Regierungssprecher, »denkt, daß wir nicht wissen, was sie denkt. Nämlich nur das eine, wie sie in die Regierung kommen könnte. Aber wir denken nicht daran. Wir, die Regierung, haben einen weit besseren Gedanken. In Austurika soll kein gedankenloser, sondern ein denkloser Tag eingeführt werden.« Applaus auf der Regierungsseite. Stundenlange Debatte über die Formulierung »denklos« oder »gedankenlos«. Der Begriff »denklos« wird mit schwacher Regierungsmehrheit angenommen.

Nun meldete sich der Sozialminister zu Wort. Er begann über die Arbeitszeitverkürzung zu sprechen, wurde aber niedergezischt, weil dieser Punkt nicht zur Debatte stand. »Der Herr Sozialminister«, höhnte der Oppositionssprecher, »scheint den denklosen Tag bereits eingeführt zu haben.« Lachen und Applaus auf der Oppositionsseite.

»Es ist nicht so einfach«, meinte der Kanzler in der Pause Journalisten gegenüber, »das muß alles erst erarbeitet werden.«

Die Sitzung ging weiter. Der Justizminister war an der Reihe. »Wenn wir«, sagte er, »den denklosen Tag einführen, dann müssen wir für das Denken an dem denklosen Tag die denkbar strengsten Strafen beschließen.«

»Protest!« rief man bei der Opposition. »Wir wollen keine Denkbestrafung, sondern eine Denkheilung! Wir fordern Neuwahlen!« Applaus auf der Oppositions-, Beschimpfungen auf der Regierungsseite. Allgemeiner Tumult. Der Präsident des Nationalrates bimmelte mit der Glocke. »Ruhe, hohes Haus!« brüllte er. »Herr Minister, fahren Sie fort!«

»Frage«, meinte der Justizminister. »Wie stellt sich die Opposition die Denkheilung vor, wenn sie das Denken an dem denklosen Tag nicht bestrafen will?«

»Antwort«, erwiderte der Oppositionssprecher. »Lassen wir den Gefühlen freien Lauf, dann denkt kein

Mensch mehr an das Denken!« Applaus auf der Oppositionsseite.
»Das führt zur Zügellosigkeit!« schrie der Justizminister in den Applaus.
»Hört, Hört«-rufe bei der Opposition. »Die Regierung hat Angst vor den Gefühlen der Bevölkerung! Das wird dem Volk zu denken geben!«
Der Justizminister ließ sich nicht bremsen. »Die Opposition«, rief er, »versucht wieder einmal, die klaren Maßnahmen der Regierung zu torpedieren! Wir wollen das Volk einmal in der Woche von dem kalten und nüchternen Denken befreien!«
»Und was ist mit den Gefühlen?« fragte der Oppositionssprecher.
»Gefühle stehen nicht zur Debatte!« rief nun der Finanzminister.
»Gefühle kosten Geld, und Geld haben wir keines!«
»Was ist mit der Arbeitszeitverkürzung?« wollte der Sozialminister wissen und wurde wieder niedergezischt.
»Das ist nicht so einfach«, meinte der Kanzler in der zweiten Pause Journalisten gegenüber, »das muß alles erst erarbeitet werden.«
Es ging weiter. Man fand einen Konsens. Sollte jemand den denklosen Tag durch kaltes Denken entweihen bzw. sollten an diesem Tag unreine Gefühle wie Haß und Eifersucht laut werden, müssen gewisse Sanktionen zu Wort kommen. Phrasen wie »Was denken Sie?«, »Wie denken Sie sich das?«, »Woran denken Sie?« sowie »Denken Sie mal« sollten verboten werden. Auf »Denken Sie mal« sollte eine besondere Strafe stehen, da dieser Satz ja eine direkte Aufforderung zum Denken bedeutete. Schließlich einigte man sich, probeweise für drei Mo-

nate, auf einen denklosen Tag in der Woche und zwar auf den Mittwoch. An diesem Tag sollten nur die Gefühle herrschen.
Der erste denklose Tag begann wirklich mit großer Gedankenlosigkeit. Kein Mensch dachte ans Aufstehen, Arbeitsplätze und Schulen blieben leer, aber niemand dachte sich etwas dabei. Der öffentliche Verkehr stand still, was aber keinem Menschen auffiel, weil niemand daran dachte, ihn zu benützen. Wenn die Gefühle herrschen, kann man auf die Technik verzichten.
Die Menschen wandelten in die freie Natur hinaus und dachten nicht an ihre Sorgen. Ehepaare entdeckten wieder ihre Gefühle füreinander, Kinder fanden Zuneigung zu ihren Eltern, kein Mensch dachte an sein eigenes Ich. Besonders die Liebespaare schwammen im Glück. Sie dachten nicht an morgen.
Der denklose Tag Austurikas sprach sich in der ganzen Welt herum. Der Fremdenverkehr erreichte ein nie gekanntes Ausmaß. Aus aller Welt strömten die Touristen herbei, um den denklosen Tag im Lande Austurika zu genießen. Die Hotels waren ausgebucht, obwohl es keinen Service gab. Die Hotelangestellten dachten nicht daran, die Gäste zu bedienen. Sie mußten sich ihr Frühstück selber machen, ihre Zimmer aufräumen usw., was sie aber sehr lustig und originell fanden. Die Reisebüros gründeten Zweigstellen im Ausland, weil man dort daran denken konnte, die Hotelpreise in Austurika auf das Doppelte zu erhöhen.
Die Regierung machte sich Sorgen. »Wird sich das nicht rächen?« fragte einer der Minister anläßlich einer Kabinettssitzung, »wenn wir das Land jede Woche einmal vierundzwanzig Stunden nicht regieren?«

»Warten wir es ab«, sagte ein zweiter. »Schauen wir einmal drei Monate zu.« Und siehe da! In drei Monaten hatte sich Austurika so erholt, daß es in eine sorglose Zukunft schreiten konnte. Und nur, weil es *einmal* in der Woche nicht regiert wurde.

Sie werden fragen, liebe Leserinnen und Leser, warum man nach den guten Erfahrungen mit dem denklosen Tag nicht daran dachte, einen zweiten Tag einzuführen, an dem nur die Gefühle sprechen sollten? Ich kann es Ihnen sagen: Weil man entdeckte, daß man einen solchen Tag schon lange hatte, nämlich den Sonntag. Leider denken nur wenige daran, diesen Tag in solcher Weise zu nutzen.

Tante Elsa berichtete einmal von einem vierzig Jahre nach der Matura stattgefundenen Klassentreffen: »Das Sonderbare daran war, daß alle meine Klassenkameradinnen so dick und alt geworden waren, daß sie mich nicht erkannt haben.«

Maturatreffen

Ob für Frauen oder Männer – ein Klassentreffen nach vierzig Jahren ist etwas Schönes. Es hebt unser Selbstbewußtsein, weil jeder vom andern denkt: »Wie senil doch der (oder die) geworden ist.«
Tante Elsa erhielt einen Brief, in dem sie zu einem solchen Treffen geladen wurde. Absenderin: »Frau Landesgerichtsrat Dr. Elisabeth Tögl«. Elisabeth Tögl? Wer konnte das sein? Natürlich! Liesl! Liesl! Breitner! Liesl hatte Jus studiert, war Richterin geworden und hatte wahrscheinlich einen Herrn Tögl geheiratet. Tante Elsa ging natürlich hin.
Sechsunddreißig Mädchen waren sie in der Klasse gewesen, achtundzwanzig waren gekommen. Von einigen wußte man nicht, wo sie sich aufhielten, andere waren gestorben, der Rest nicht erschienen. Wer war bloß die kleine dicke Dame mit den grauen Haaren, die immerzu mit dem Kopf wackelte? Jetzt kam sie auf Tante Elsa zu. »Erkennst du mich nicht?« fragte sie. »Ich bin die Eva.« Tante Elsa erschrak. *Das* sollte die reizende schlanke Eva sein, in die alle Studenten vernarrt gewesen waren? Sie hätte sie nicht wiedererkannt. Gott sei Dank, dachte sie, daß ich selber mich so wenig verändert habe.
»Und wer bist *du?«* fragte Eva im selben Moment.
Tante Elsa starrte sie an. »Ich bin die Elsa.«
»*Was* für eine Elsa? Wir hatten doch *zwei.*«
»Elsa Schumann. In der Schule hieß ich noch Last.«
»Das bist *du*? Kommt her!« rief sie den ehemaligen Mitschülerinnen zu. »Wißt ihr, wer das ist? Elsa Last! Hättet ihr sie wiedererkannt?«
»Nein!« riefen alle und umarmten Tante Elsa. Elsa erkannte die anderen auch nicht, bis auf eine. »Du bist Bea-

RANG.

te Fisch«, sagte sie. »Du warst die Kleinste in der Klasse. Ein Meter fünfzig.«
»Stimmt nicht«, sagte die andere pikiert. »Ich bin Fanny Wolff und war die Größte in der Klasse. Ein Meter achtzig.«
Bei Kaffee und Kuchen lösten sich die Zungen.
»Erinnert ihr euch an Dr. Kahlert, unser Klassenvorstand?« fragte Eva kichernd. »Wir waren alle in ihn verliebt.«
»Ich nicht«, stellte eine würdige Dame fest, von der sich herausstellte, daß es die frühreife Grete Bogner war.
»Grad du solltest das nicht sagen«, meinte Eva. »Warum hättest du dich sonst von ihm küssen lassen?«
»Ich? Wie kannst du das sagen?«
»Ich habe euch gesehen, wie ihr allein im Physiksaal wart. Ich habe durchs Schlüsselloch geguckt!« Alle lachten. »Was wohl aus ihm geworden sein mag?«
»Gestorben wird er sein«, sagte Liesl Breitner, alias Elisabeth Tögl. »Er wäre heute weit über neunzig.«
»Als meine Tochter zur Schule ging, lebte er noch«, berichtete Rosl Schwarz, verehelichte Weiß.
»Du hast eine Tochter?« riefen alle durcheinander. »Wie schaut sie aus? Hast du kein Foto von ihr? Zeig her!«
Rosl hatte auf dieses Stichwort gewartet. Schon lagen einige Fotos auf dem Tisch. »Da habt ihr sie – beim Reitunterricht.«
»Welche ist deine Tochter?« fragte Eva und wackelte mit dem Kopf. »Die rechts oder die links von dem Pferd?«
»Die in der Mitte«, antwortete Rosl gereizt. Inzwischen hatten auch die andern ihre Fotos ausgepackt.
»Das bin ich mit meinem jetzigen Mann«, erklärte Grete Bogner, »das ist die erste Frau meines jetzigen Mannes,

und das ist der jetzige Mann seiner ersten Frau. Das ist mein erster Mann mit seiner jetzigen Frau, und das ist der erste Mann der jetzigen Frau meines ersten Mannes mit seiner jetzigen Frau.«

Auch Hanni Stockmann zeigte Fotos. »Das ist mein Sohn Gert«, sagte sie dazu, »er macht demnächst seinen Doktor – das ist meine Tochter Bettina, und das sind ihre Zwillinge Sandra und Verena.«

»Süß!« riefen alle durcheinander.

»Verheiratet?« erkundigte sich Eva.

»Ja und nein«, seufzte Hanni. »Ihr wißt doch, wie das heute ist mit den Mädchen. Die eine ist noch, die andere schon wieder zu haben.«

»Ich kenne das«, sagte Liesl und präsentierte ein Foto: »Meine Enkelin Carmen.«

»Verheiratet?« fragte Eva wieder.

»Ach wo!« antwortete Liesl. »Anstatt einen jungen Richter zu nehmen, der sich für sie interessiert, will sie auf einen reifen Mann warten, der noch dazu klug und reich sein soll. Auf diesem Standpunkt, sagt sie, wird sie stehenbleiben.«

»Ich fürchte, da wird sie sitzenbleiben«, meinte Eva.

»Die Zeiten haben sich geändert«, seufzte Senta Meier. »Erinnert ihr euch an den langen Ewald, der mir einmal nach dem Studentenball auf der Straße ein Ständchen brachte? Unsere Nachbarin hat ihm einen Krug Wasser auf den Kopf geschüttet. Solche Risiken mußte damals ein junger Mann auf sich nehmen, um zu erreichen, daß das geliebte Mädchen auf den Balkon trat. Heute? Wenn heute einer vor dem Haus meiner Enkelin hupt, sitzt sie schon neben ihm im Auto.«

»Wir verstehen die Zeit nicht mehr«, sagte Hanni melancholisch.
»Wir sind alt geworden. Ich sehe es jedesmal, wenn meine Enkelkinder mir erzählen, was sie im Geschichtsunterricht gelernt haben und ich dann feststellen muß, daß ich das selber miterlebt habe.« Die Damen nickten mit den Köpfen. »Hanni hat recht«, sagte Eva. »Wir sind alt geworden.«
Im selben Moment trat eine junge Frau ein, Ende der Dreißig, elegant, attraktiv. Alle starrten sie an. Das war doch –? »Friedl!« faßte Grete sich als erste. »Bist du – sind Sie – Friedl Volkert?«
»Ja«, sagte die junge Frau. »Was seid ihr denn so verwundert?«
Nun brach es los. »Du hast dich ja fast nicht verändert! Was hast du gemacht? Verrate uns dein Geheimnis!« klang es durcheinander.
»Ich habe keines«, lachte Friedl.
»Das gibt es nicht«, riefen die andern. »Du hast einen Jungbrunnen! Sag uns, was es ist! Sei nicht falsch!«
Friedl schüttelte den Kopf. »Ich darf leider nicht darüber reden«, bedauerte sie.
»Friedl!« baten alle.
»Ich habe einen guten Arzt«, gab Friedl dem allgemeinen Drängen nach, »das ist alles. Wenn einer das Geheimnis der ewigen Jugend besitzt, dann ist *er* es. Ich mache jedes Jahr eine Kur bei ihm, und das –«, sie stellte sich in Positur, »– ist das Resultat.«
»Was ist das für ein Arzt?« stürmten die alten Damen auf sie ein. »Wie heißt er? Sag es uns! Wir gehen auch hin!«
»Ich darf nicht. Begreift mich. Er ist Rumäne und hat

noch keine Erlaubnis, Patienten zu behandeln. Ich mußte ihm versprechen, seine Adresse nicht weiterzugeben.«
»Friedl!«
Friedl wurde schwach. »Also gut«, sagte sie, »aber gebt mir euer Wort, daß ihr ihm nicht sagt, wer euch von ihm erzählt hat.«
»Unser Wort!« sagten alle.
»Schwört!«
Sie schworen wie in der Schule, wenn es sich um ein ganz großes Geheimnis handelte. »Ich hasse mich selbst, daß ich ihn verrate«, sagte Friedl. »Er heißt Carol Milanescu und wohnt im 19. Bezirk, Rosenstraße 4. Aber bitte noch einmal: Verratet mich nicht!«
Man versprach es, notierte sich die Adresse, plauderte noch eine Stunde und trennte sich mit dem Versprechen, nach der Kur, verjüngt, wieder zusammenzukommen.
Friedl fuhr in die Rosengasse, wo eine ungefähr siebzigjährige Dame sowie ein fünfunddreißigjähriger Herr, letzterer im weißen Ärztemantel, bereits auf sie warteten.
»Na?« erkundigte sich die alte Dame gespannt. »Was war?«
»Sie haben mich wirklich für dich gehalten, Mama«, berichtete Friedl – und zu ihrem Gatten, dem Herrn im weißen Mantel gewendet, fuhr sie fort: »Sie haben mir auch geglaubt, daß du deinen Beruf nicht ausüben darfst. Du bekommst achtundzwanzig neue Patientinnen, Carol, die geschworen haben, dich nicht zu verraten – also noch dazu steuerfrei!«

Man hat es schwer heutzutage. Ist man unehrlich, wird man bestraft – ist man ehrlich, wird man besteuert.

Viel wichtiger als zu wissen »Wer ist wer«, ist zu wissen »Was ist was«. Das weiß die Wissenschaft, sie gibt es dem Durchschnittsbürger durch die Presse bekannt, und deshalb gab ich den folgenen drei Geschichten den Titel:

Was in der Zeitung steht

(Drei Geschichten um Wronsky, auch einzeln zu lesen)

Streicheleinheiten

»Das stimmt!« sagte Vera Wronsky, als sie während des Frühstücks die Zeitung las.

»*Was* stimmt?« fragte Wronsky ärgerlich, weil sie das Blatt nicht zuerst ihm gegeben hatte.

»Daß es mit den Menschen genauso ist wie mit den Hunden und Katzen.«

»Wer sagt das?«

»Dr. Beverly von der Universität in Bridgetown.«

»Dann sag diesem Dr. Beverly, daß das ein Unsinn ist«, brummte Wronsky und strich sich die Butter aufs Brot. »Oder hast du mich schon einmal bellen gehört? Oder miauen? Oder hast du schon einmal gesehen, daß ich den Briefträger ins Bein beiße? Oder daß ich eine Maus fange?«

»Darum handelt es sich nicht, es geht um Zärtlichkeiten. Dr. Beverly ist Psychologe und behauptet, daß der Mensch genauso seine Streicheleinheiten braucht wie der Hund oder die Katze.«

»Streicheleinheiten? Was ist *das* wieder?«

»Das Verlangen der Kreatur, gestreichelt zu werden.«

»Das ist doch schon wieder ein Blödsinn. Soll ich eine Ameise streicheln? Oder einen Regenwurm?«

»Ich habe von Menschen, Hunden und Katzen gesprochen«, bemerkte Vera spitz. »Dr. Beverly stellt fest, daß Menschen, Hunde und Katzen gestreichelt werden müssen und daß wir Frauen ein besonderes Verlangen danach haben. Ob das Streicheln von den Eltern, von den Kindern oder vom Ehepartner erfolgt, ist egal. Es kann auch durch zärtliche Worte oder Blumen ersetzt werden.«

»Ich kann doch der Katze keine Blumen verehren.«

RANG.

»Der Katze nicht, aber mir! Eine Streicheleinheit pro Tag ist das mindeste, fünf sind normal, acht sind angeraten, obwohl dem Streicheln nach obenhin keine Grenzen gesetzt sind.«

»Das ist ein Nonsens.«

»Das sagst *du*!« Sie seufzte. »Acht Streicheleinheiten pro Tag«, wiederholte sie bitter. »Weißt du, wann du mich zum letztenmal gestreichelt hast? Bei unserer silbernen Hochzeit.«

»Na und? Da ist doch erst zwei Jahre her.«

»Erst? Weißt du, wie viele Tage das sind? Siebenhundertzwanzig!«

Vera war eine gute Kopfrechnerin. »Wenn du nur fünf Streicheleinheiten pro Tag nimmst, sind das dreitausendsechshundertfünf Streicheleinheiten.«

»Ich verstehe dich nicht. Ich bin kein Casanova, ich bin kein Don Juan, ich bin ein Dentist. Wenn ich dich jetzt dreitausendsechshundertfünfmal streichle, muß ich meine sämtlichen Termine absagen. Meine Patienten warten auf ihre Gebisse. ›Wo ist der Doktor?‹ werden sie fragen. Und was wird ihnen meine Sprechstundenhilfe sagen? ›Der Herr Doktor kann die nächsten vierzehn Tage nicht kommen – der streichelt seine Frau.‹«

»Mach dich nur lustig drüber«, meinte Vera, bereits etwas gereizt. »Wenn ich dein Benehmen bei unserer silbernen Hochzeit als Streicheleinheit bezeichne, ist das schon mehr als großzügig von mir! In Wirklichkeit hast du meine Wange getätschelt und hast unsere Gäste gefragt: ›Ist sie nicht lieb, meine Vera, mit dem dicken Gesicht, das sie in den fünfundzwanzig Jahren unserer Ehe bekommen hat?‹«

»Das stimmt aber doch …«

»Nichts stimmt!« keifte Vera. »Vier Wochen vor der Party habe ich schon angefangen zu hungern, nur um schlank auszusehen – und dann redest du von meinem dicken Gesicht?«
»Du gefällst mir aber doch, Liebling ...«
»Liebling!« imitierte Vera ihn höhnisch. »Wenn ich dir gefalle, warum versagst du mir dann meine Streicheleinheiten? Warum gibst du sie mir nicht? Ich erinnere mich an die Zeit, in der wir jung verheiratet waren!« Sie waren bereits auf dem besten Weg zu einem Streit, einem Weg, der durch eine Einbahnstraße führte. Es gab kein Zurück mehr. »Damals«, setzte Vera fort, »hast du mindestens einmal am Tag mein Kinn gestreichelt.«
Jetzt wurde auch Wronsky ungemütlich. »Damals hattest du ja auch nur eines! Heute hast du drei! Ich weiß ja nicht, *welches* ich streicheln soll!«
»Du bist ja so gemein«, zischte Vera ihn an. »Und so dumm! Ich verstehe nicht, daß ich dich erst heiraten mußte, um zu sehen, *wie* dumm du bist!«
»Das verstehe ich auch nicht!« fauchte Wronsky. »Daß ich dumm bin, hättest du schon merken müssen, als ich um deine Hand anhielt!«
»Das ist die Höhe!« schrie Vera aufgebracht. »Den ganzen Tag arbeite ich für dich! Ich koche, backe, räume die Wohnung auf – –«
»Zum Aufräumen hast du Frau Marisch«, unterbrach Wronsky sie, »die *ich* dir gefunden habe, was gar nicht so einfach war!«
»Ja«, gab Vera wütend zu, »und die das so gründlich besorgt, daß ich alles wieder zurückräumen muß, damit *du* es findest! Wenn ich da meine Freundinnen betrachte! Mela Robinson oder Trude Spannagl! Beide rühren keine

Hand und gehen nur zum Friseur, zur Kosmetik, zu Modeschauen, ins Theater ...«

»Eine Trompete ist ein herrliches Instrument«, stellte Wronsky fest und erhob sich.

»Eine Trompete? Wie kommst du jetzt auf eine Trompete?«

»Weil man von einer Trompete jederzeit das Mundstück abschrauben kann!«

»Beklage dich nur«, sagte Vera ruhiger. Ja, sie lenkte sogar ein. »Jeder Mensch hat seine Fehler. Ich sicher auch«, gab sie zu.

»Sicher«, meinte Wronsky.

»Sicher?« fuhr sie wieder auf. »Nenne mir einen!«

Wronsky hielt sich den Kopf. »Du hast es doch eben selbst gesagt!«

»Du glaubst ja sonst nicht, was ich sage! Warum gerade jetzt? Aber bitte! Ich bin eine unmögliche Frau, eine Frau, die dich schlecht behandelt, eine Frau, die dich unglücklich macht, die dein Leben zerstört – sag es doch schon! Sag es!«

Wronsky seufzte. »Wie recht hat doch der gute Lambrecht.«

»Lambrecht? Wer ist Lambrecht?«

»Einer meiner Patienten.«

»Und wieso hat er recht?«

Wronsky wollte der Antwort aus dem Wege gehen. »Bohr' nicht so mit deinen Fragen!« bat er.

»Wieso hat Lambrecht recht? Ich will wissen, wieso Lambrecht recht hat!« schrie Vera.

»Du kennst ihn doch gar nicht ...«

»Das hat nichts damit zu tun! Antworte: Wieso hat Lambrecht recht? Los! Sprich!«

»Ich habe ihn einmal gefragt, ob er niemals heiraten wird.«
»Und? Was hat er gesagt?«
»Nein.«
»Und warum nicht?«
»Weil er als verheirateter Mann nur Sorgen hätte.«
»Warum hätte er nur Sorgen?«
»Weil er eifersüchtig wäre.«
»Warum wäre er eifersüchtig?«
»Weil seine Frau ihn betrügen würde.«
»Warum würde sie ihn betrügen?«
»Weil er es verdienen würde.«
»Warum würde er es verdienen?«
»Weil er geheiratet hat!« schrie Wronsky seiner Frau ins Gesicht und ging in seine Ordination.
Am Abend brachte er ihr Blumen. Rosen. Rote Rosen. Zwölf langstielige rote Rosen. »Da hast du deine Streicheleinheiten für heute«, sagte er charmant. Vera war glücklich.
Daß er die Rosen von einer Patientin bekommen und nur nach Hause gebracht hatte, weil er in der Ordination keine Vase besaß – das sagte er nicht.

Die Wut in uns

Und wieder saßen sie beim Frühstück: Wronsky und seine Frau Vera. Diesmal hielt *er* die Zeitung in der Hand. »Hast du gehört, was den Spannagls mit ihrem Wagen passiert ist?« fragte Vera. Wronsky antwortete nicht.

»Ob du schon gehört hast, was den Spannagls mit ihrem Wagen passiert ist«, fragte Vera, diesmal bereits etwas lauter und drohender. Wronsky schwieg. »Hast du gehört, was den Spannagls mit ihrem Wagen passiert ist?« fragte Vera und trommelte nervös mit den Fingern auf den Tisch.

Wronsky zählte leise vor sich hin: »Eins, zwei, drei, vier, fünf, sechs, sieben, acht, neun, zehn.«

»Was zählst du da?« erkundigte sich Vera verwundert.

»Eins, zwei, drei, vier, fünf, sechs, sieben, acht, neun, zehn«, wiederholte Wronsky gereizt.

»Bist du verrückt geworden?« Vera sah ihn fassungslos an. »Ich frage dich, ob du weißt, was Spannagls mit ihrem Wagen passiert ist, und du zählst?«

»Eins, zwei, drei, vier, fünf, sechs, sieben, acht, neun, zehn!« zählte Wronsky wütend.

Vera schlug auf den Tisch. »Wenn du mir nicht sofort sagst, was das zu bedeuten hat, dann – –«

»Eins, zwei, drei, vier, fünf, sechs, sieben, acht, neun, zehn!« schrie Wronsky. »Wenn du es wissen willst – da steht es in der Zeitung!« Er las: »›Psychologische Tips gegen Aggressivität. New York. Wenn der Tip auch nicht gerade neu ist, so ist er jetzt immerhin wissenschaftlich untermauert: Ganz ruhig bis zehn zählen, bevor man in die Luft geht, rät der New Yorker Psychoanaloge William Gaylin in seinem Buch DIE WUT IN UNS. Gaylin hat sich darauf spezialisiert, wie man Aggressionen im Alltagsleben abbauen kann, ohne zuviel Porzellan zu zerschlagen. Es ist wichtig, für eine ausgeglichene Atmosphäre am Arbeitsplatz und in der Familie zu sorgen und im Ernstfall, bevor man ungewollt etwas sagt, erst ruhig bis zehn zu zählen.‹«

»So einen Blödsinn kannst auch nur du glauben«, lachte Vera spöttisch.
»Blödsinn?« schrie Wronsky empört und zählte schnell: »Eins, zwei, drei, vier, fünf, sechs, sieben, acht, neun, zehn!«
»Du bist doch wirklich ein –«, Vera bremste das Wort ab, das sie bereits auf den Lippen hatte.
»*Was* bin ich ein –? Du wolltest doch etwas sagen? Sag es ungeniert!«
»Du bist ein –«, Vera schluckte das Wort hinunter: »Eins, zwei, drei, vier, fünf, sechs, sieben acht, neun, zehn!« zählte sie.
»Habe ich dich überzeugt?« höhnte Wronsky.
»Überhaupt nicht«, konterte Vera. »Ich wollte dir nur zeigen, wie dumm diese Sache ist.«
»Weil du keine Ahnung von Psychoanalogie hast!« schrie Wronsky wieder. »Du bist doch eine so primitive –«, er erschrak. »Eins, zwei, drei, vier, fünf, sechs, sieben, acht, neun, zehn!« zählte er rasch.
»Ich primitiv!« Vera lachte gezwungen. »Mit dir nehme ich es noch auf! Immerhin stand ich knapp vor dem Doktortitel, mein Onkel ist Generaldirektor eines Konzerns, mein Vetter ist Staatsanwalt, meine Schwester Bewährungshelferin –«
Jetzt lachte auch Wronsky. »Bewährungshelferin!« wiederholte er höhnisch. »Diesen Titel führt sie zu Recht.«
»Was willst du damit sagen?« Vera sprang auf, nahm den gläsernen Aschenbecher in die Hand und stand da wie eine olympische Diskuswerferin.
»Daß ich allein zwölf Männer kenne«, setzte Wronsky fort, »denen sie geholfen hat, sich zu bewähren. Bei Nacht – in ihrem Bett.«

»Du bist doch der größte Schuft!« stieß Vera zwischen den Zähnen hervor. »Die eigene Familie so in den Schmutz zu ziehen! Ich lasse mich –«, sie unterbrach sich und setzte schnell hinzu: »Eins, zwei, drei, vier, fünf, sechs, sieben, acht, neun, zehn!«
»*Was* läßt du dich?« wollte Wronsky wissen. »Wolltest du vielleicht sagen, daß du dich scheiden läßt? Laß dich scheiden, und ich gebe dir –«, er sprach nicht weiter. »Eins, zwei, drei, vier, fünf, sechs, sieben, acht, neun, zehn!« zählte er statt dessen.
»Du wolltest wohl sagen, daß du mir *alles* gibst, wenn ich mich scheiden lasse! Hör mich an: Wenn du dich scheiden läßt, verzichte ich mit Wonne –«, auch sie sprach nicht weiter und zählte: »Eins, zwei, drei, vier, fünf, sechs, sieben, acht, neun, zehn!«
»Das habe ich mir gleich gedacht, daß du auf nichts verzichten würdest!« spottete Wronsky. »Du bist doch eine geldgierige – eins, zwei, drei, vier, fünf, sechs, sieben, acht, neun, zehn!«
»Und du bist ein eingebildeter – eins, zwei, drei, vier, fünf, sechs, sieben, acht, neun, zehn!«
»*Du* bist«, schrien jetzt beide zugleich, »eins, zwei, drei, vier, fünf, sechs, sieben, acht, neun, zehn!«
Plötzlich wurde es still. Vera blickte nachdenklich vor sich hin. »Mir fällt eben auf ...«, überlegte sie.
»Was?« fragte Wronsky.
»Daß wir gar nicht gestritten hätten, wenn dieser Psychoanaloge nicht entdeckt hätte, wie man einen Streit vermeidet.«

Lachen ist Medizin

Wronsky hatte Depressionen. Ganz plötzlich. Er ließ den Kopf hängen, stumm und unwillig zog er seinen Patienten die Zähne – er war Dentist –, und selbst die schönste Beinhautentzündung machte ihm keine Freude mehr. »Geh zu Merzenberger«, riet ihm seine Frau Vera. Merzenberger war sein Hausarzt.

Er untersuchte ihn und sagte: »Ich kann Ihnen keinen Rat geben, und ich will es auch nicht, weil ich von diesen Krankheiten nichts verstehe. Es gibt Beschwerden, bei denen man einen Spezialisten aufsuchen muß. Ich hatte vor kurzem einen Patienten, dessen Sehvermögen immer schwächer wurde. Ich schickte ihn zu einem Augenarzt, der Augenarzt überwies ihn an eine Augenklinik, der Primar der Augenklinik empfahl ihm, eine Kapazität in Deutschland aufzusuchen, er fuhr nach Berlin – nichts. Dann kam er nach Hause, seine Frau putzte ihm die Brille, und er sah wieder wie früher. Was Sie brauchen ist jemand, der Ihre Seele putzt. Sie gehören zu einem Psychiater.«

Davon wollte Wronsky nichts wissen. Vom Seelenputzen hielt er nichts. Er ließ weiterhin den Kopf hängen, nahm einen Vertreter für seine Ordination, er selbst blieb zu Hause und bedauerte sich.

Eines Tages las seine Frau die Zeitung. Plötzlich rief sie: »Hör zu, was da steht: ›Lachen ist eine wirksame Medizin. Wie wir aus Washington erfahren, kann Lachen helfen, schwere Krankheiten wie Herzinfarkt oder Krebs zu überwinden. Das hat die amerikanische Ärztin, Frau Professor Lieben, in zahlreichen Testreihen mit Kranken in Spitälern herausgefunden. Sie verteilte an ihre Patienten Witzbücher, las ihnen heitere Geschichten vor und verordnete ihnen, dreimal täglich Tonbänder mit humoristischen Darbietungen anzuhören. Die Ergebnisse waren verblüffend. Legen Sie pro Tag mindestens zwei Lachpausen ein, rät die Ärztin, tauschen Sie mit Ihren Kollegen Witze aus, suchen Sie Heiterkeit in Theater und Fernsehen.‹« Wronsky versuchte es mit dem Fernsehen. Man spielte »Totentanz« von Strindberg und als Alternativprogramm »Gespenster« von Ibsen. Wronsky konnte nicht lachen.

Zwei Tage später kam Vera aufgeregt in sein Zimmer, wo er auf der Couch daniederlag. Sie schwenkte die Zeitung und rief: »Hör dir diesen Leserbrief an: Zu ihrem vorgestrigen Artikel ›Lachen ist eine wirksame Medizin‹ möchte ich Ihnen mitteilen, daß eine Schülerin von Frau Deborah Lieben, Frau Dr. Nicole Lobos, übrigens eine Landsmännin von uns, zur Zeit in Wien weilt und im Hotel Intercontinental abgestiegen ist, wo sie Interessenten gerne Auskunft über die neue Methode gibt, mit der vor allem jede Art von Depressionen geheilt wird. Voranmeldung ist unbedingt nötig.‹ Du meldest dich sofort an«, setzte sie hinzu, »und wenn *du* es icht tust, tue *ich* es.« Sie suchte die Nummer des Hotels, rief an, sprach mit der Ärztin, schilderte ihr die Zustände ihres Mannes und bekam bereits für den nächsten Tag einen Termin. Ungern ging Wronsky hin. In der Rezeption schickte man ihn auf Zimmer 420.

Als er aus dem Lift stieg, begegnete er zwei Damen, die eben von der Ärztin kamen. »Was hat sie heute mit Ihnen gemacht?« fragte die erste.

»Zuerst«, antwortete die zweite, »ließ sie mich Schuhe

RANG.

und Strümpfe ausziehen, steckte meine Füße in ein Gestell mit zwei Löchern und kitzelte meine Fußsohlen mit einer Pfauenfeder. Da mußte ich lachen. Zum erstenmal seit Monaten.«

»Das habe ich schon hinter mir«, sagte die zweite. »Wir sind schon bei den Gesprächen. Heute erzählte sie mir von einem Patienten, einem jungen Mann, der wegen seiner schmächtigen Figur an Minderwertigkeitskomplexen litt. Sie riet ihm, einen Bodybuildingkurs zu besuchen, und jetzt, sagt sie, hat er Muskeln, daß er aussieht, als ob er Wassermelonen schmuggeln wollte.« Die beiden Damen lachten sich halbtot, als sie in den Lift stiegen. Mit solchen Tricks, dachte Wronsky, wird sie bei mir kein Glück haben. An Tür Nummer 420 klopfte er.

»Was hält sie zurück?« rief eine fröhliche Frauenstimme. »Kommen Sie herein!«

Wronsky trat ein. Dr. Lobos, eine hübsche, junge Dame, empfing ihn. »Da sind Sie ja«, sagte sie freundlich. »Ich habe sie schon erwartet. Nehmen Sie Platz und erzählen Sie. Was führt Sie zu mir?«

»Ich habe Depressionen«, begann Wronsky traurig. »Ich kann über nichts lachen. Mir ist alles zuwider. Ich bin lebensmüde.«

»Wenn es weiter nichts ist«, beruhigte ihn die Ärztin, »da habe ich Patienten mit schlimmeren Problemen. Gestern zum Beispiel war ein achtzigjähriger Herr hier und erzählte mir, daß er allen jungen Mädchen nachläuft und nicht weiß, warum.« Wronsky lachte. Er erschrak, als er sich hörte. »Ich habe wieder Hoffnung, Frau Doktor«, meinte er.

»Nennen Sie mich Nicole.«

»Nicole«, sagte Wronsky so charmant wie schon lange

nicht. »Wie es scheint, bin ich kein schwerer Fall für Sie?«
»Durchaus nicht«, meinte Nicole. »Was denken Sie, was ich alles erlebe. Da habe ich einen Patienten in Texas, der in ein Perd verliebt ist. ›Richtig verliebt‹, gestand er mir, als er zum erstenmal in meine Ordination kam. ›Vor kurzem träumte ich‹, erzählte er mir, ›daß ich das Pferd geheiratet habe und daß wir nach Las Vegas fuhren, um dort unsere Flitterwochen zu verbringen.‹ Ich fragte ihn: ›Ist das Pferd ein Hengst oder eine Stute?‹ Drauf sagte er empört: ›Natürlich eine Stute! Oder halten Sie mich für homosexuell?‹« Wronsky lachte, daß ihm die Tränen über die Wangen liefen. Das muß ich meinen Freunden im Kaffeehaus erzählen, dachte er – und zuckte zusammen. An seine Freunde und an das Kaffeehaus hatte er schon lange nicht gedacht.
»Sehen Sie«, sagte Nicole, »der Anfang ist gemacht. Kommen Sie morgen und übermorgen wieder, und es wird Ihnen bald bessergehen.«
Wronsky kam morgen, Wronsky kam übermorgen, Wronsky kam am dritten, am vierten, am fünften Tag, Wronsky kam die ganze Woche, den ganzen Monat, er nahm nicht einmal die Sonn- und Feiertage aus – dann war er endlich gesund.
Vera war glücklich, weil ihr Mann geheilt worden war – und Wronsky war glücklich, weil Nicole seine Freundin geworden war.

Die drei in diesen Geschichten zitierten Zeitungsartikel sind echt. Dr. Beverly, Dr. Gaylin und Frau Professor Lieben gibt es wirklich. Es geht eben nichts über die Wissenschaft. Sie wirkt sich nicht nur auf die Gesundheit aus, nein, auch auf die Wirtschaft. Ein Beispiel: Das Uran kostete vor sechzig Jahren ein paar Dollar pro Tonne. Seit die Wissenschaftler entdeckten, daß man damit Menschen töten kann, stieg es im Preis.

»Zum Befehlen oder Gebieten brauche ich gern die deutsche, im Gespräch mit Damen die französische, im Rat die italienische Sprache«, sagte Kaiser Karl V. Er wußte nicht, daß es einmal eine neue Sprache geben wird, sonst hätte er fortgesetzt: Und um die Menschen dumm zu machen, brauche ich

Die Werbesprache

In einer kleinen Konditorei sitzt eine Dame bei Kuchen und Tee. Sie dürfte Ende der Dreißig sein. Vor ihr auf dem Tisch liegt eine Rose.
Ein Herr, ungefähr vierzig, tritt ein und blickt sich um. Die Rose scheint ein Erkennungszeichen zu sein, denn der eben Eingetretene sieht sie, lächelt und steuert auf den Tisch der Dame zu.
»Frau Inge?« fragt er.
»Ja«, sagt die Dame etwas verlegen.
»Darf ich?«
»Natürlich.«
Der Herr setzt sich. »Mein Name ist Lehmann«, stellt er sich vor. »Ich bin Werbechef der Firma Köhler, Kartoffelchips.«
»Oh!« Die Dame ist freudig überrascht. »Das sind doch die knabberfreudigen mit dem Kaugenuß?«
»Nein«, meint Lehmann indigniert, »die sind von der Konkurrenz. Die unsrigen sind die knabberknackigen mit dem Mampfspaß.«
»Die kenne ich natürlich auch. Von der Medienlandschaft. Ich bin perfekte Fernseherin und verschlinge die Illustrierten. Ich bewundere die Menschen von der Ideenproduktion. Ich liebe die Werbung.«
»Da werden wir uns gut verstehen!« Lehmann ist begeistert.
»Lassen Sie uns checken. Sie kommen von der Eheanbahnung.«
»Ja. Eine Freundin hat mir den Denkanstoß dazu gegeben. Das hat mich so motiviert.«
»Da wird man Ihnen ja von meinen Beziehungsproblemen Mitteilung gemacht haben. Obwohl man mich allgemein für einen lustbetonten Typ hält, bin ich eher in-

trovertiert. Ich wundere mich selbst, daß ich meine Blockierungen loswerden und so frischwärts mit Ihnen reden kann. Darf ich Ihnen sagen, daß Sie mir ein echtes Live-Erlebnis vermitteln? Ohne glattweg modisch zu sein, besitzen Sie eine gewisse Lebensqualität. Ihr Kleid in den dynamischen Freizeitfarben wirkt nicht nur lokker und cool, sondern auch kreativ. Ich hoffe«, er zeigt auf seine Glatze, »daß Sie mein Miniwachstum nicht stört. Ich könnte mir Sie gut als Partnerin vorstellen. Sie sind genau die Zielgruppe, die ich anpeile. Ich darf doch annehmen, daß unserer Kommunikation nichts im Wege stehen wird.«

»Sie kennen mich doch gar nicht ...«

»In etwa doch. Sie sind pflegeleicht, sahnefrisch ...«

»Und Sie?« fragt Inge kokett.

»Ich würde mich als schmuseweich bezeichnen, als gefühlsfreudig und verständigungsbereit. Nehmen Sie mich, und Sie werden überall Neid und Bewunderung erregen! Verwirklichen Sie sich den uralten Menschheitstraum!«

Inge schließt selig die Augen. »Relaxen Sie!« haucht sie. »Ihre Worte berauschen mich! Sie sind so werbefroh.«

»Sie sagen es! Glauben Sie, daß Sie sich für mich sensibilisieren könnten?«

»Ich denke, ich könnte es! Doch vorweg: Ich bin keine Emanze, aber auch kein Hausmütterchen. Ich kann nicht kochen.«

»Brauchen Sie nicht. *Ich* koche. Ich besitze Großmutters Brutzelgeheimnis.« Beide lachen glücklich. Das Servierfräulein wird aufmerksam. »Darf ich etwas bringen?« fragt sie Herrn Lehmann.

»Ja«, antwortet Lehmann. »Eine Tasse Muckefuck-Kaffee mit dem dampfenden Aroma des Meeres – und dazu eine Schokoschmacktorte.«

Inge verdreht die Augen. »Schokoschmack«, flüstert sie. »Die junge Torte, die die Knisperlust weckt!«

»Ja!« sagt Lehmann happy und bittet: »Lassen Sie uns knispern!«

»Und die Kalorien?«

»Schokoschmack ist schnellgebacken und daher kalorienarm. Seien Sie doch einmal leichtsinnig! Schlagen wir den Vitaminkillern ein Schnippchen!« Wieder lachten beide. »O Inge!« flüstert Lehmann. »Sie sind für mich ein Positiverlebnis!« Er legt den Arm um sie. »Sie sind so sexy!«

»Sie sind ein Blitzstarter«, entrüstet Inge sich künstlich. »Weil ich von Sex spreche? Was haben Sie gegen Sex? Sex ist gesund, unterhaltsam und nikotinfrei!« Er wird stürmisch. »Kommen Sie zu mir nach Hause! Sehen Sie sich meine Wohnwelt an!«

»Oh!« Inge lehnt sich zurück. »Ich hätte nie gedacht, daß ein Werbechef eine Frau so verrückt machen kann!«

»Nicht jeder«, raunt Lehmann Inge ins Ohr. »Aber wir von Köhlers Kartoffelchips – wir Knabberfreudigen mit dem Mampfspaß – wir wissen, was Frauen wünschen!«

Wollte ursprünglich der Interessengruppe meiner verehrten Buchstabenentzifferer eine verbreitetere Geschichte anbieten, habe mich aber dann entschlossen, diese, motiviert durch die Verwirklichung der Zumutbarkeitsregelung, zu verschlanken.

Ideen muß man haben. Das wußte schon Edison. Hätte Edison nicht die Glühbirne erfunden, müßten wir heute bei Kerzenlicht fernsehen. Mit Ideen kann man die Welt beglücken, mit Ideen geht man in die Geschichte ein, mit Ideen macht man Geld. Ideen sind Gold wert, wenn sie gut sind. Und Zebisch hatte

Eine gute Idee

Man sagt, die Theater gehen nicht, also müssen sie von Staats wegen subventioniert werden. Ich frage aber, *warum* gehen sie nicht? Wegen der Stücke? Es hat immer gute und schlechte Stücke gegeben, und die Theater sind gegangen. Wegen der Schauspieler? Es hat immer gute und schlechte Schauspieler gegeben, und die Theater sind gegangen. Wegen der Regisseure? Es hat immer gute und schlechte – halt! Hier handelt es sich nicht um gut oder schlecht, hier handelt es sich um die Eigenwilligkeit, mit der diese Herren ein Stück inszenieren. Denn was heißt »inszenieren«? Ein Stück in Szene setzen. Es so auf die Bühne stellen, wie es der Autor vor sich gesehen hat, als er das Stück schrieb. Und was tun unsere heutigen Regisseure? Sie verändern das Werk, fitzeln da ein Stück weg, futzeln dort ein Stück dazu, geben ihm eine Hintergründigkeit, die es nie besessen hat, zeigen Gretchen nackt, Hamlet als Flugzeugentführer, Siegfried als Versicherungsagenten – und *warum* tun sie das? Zweitens, weil sie glauben, daß sie das Stück dadurch dem Zuschauer näherbringen, und erstens, weil sie an den Tantiemen beteiligt sein möchten. Was ihnen allen fehlt, ist eine richtige Idee.
Regisseur Zebisch, mein intimster Freund, *hatte* diese Idee. Er sagte: »Ich weiß, was schuld daran trägt, daß die Theater nicht gehen: der Sport. Man muß die Stücke sportgerecht bearbeiten, dann werden die Leute wieder ins Theater kommen.« Also ging er hin und bearbeitete »Romeo und Julia«. Und er bearbeitete nicht nur »Romeo und Julia«, er bearbeitete auch einen Intendanten, damit er diese Bearbeitung aufführt. Und der also bearbeitete Intendant führte das also bearbeitete Stück auf: »Romeo und Julia«, ein sportives Drama von Zebisch und Shakespeare.

Die Handlung in zwei Sätzen: Romeo und Julia lieben einander. Ihre Väter, die Herren Montague und Capulet, sind miteinander verfeindet, sie verbieten ihren Kindern ihre Gefühle, Romeo und Julia begehen Selbstmord. Wer kennt nicht diese rührende Geschichte! Wer kennt nicht die romantische Liebesszene, in welcher Romeo auf Julias Balkon und direkt in ihre Arme klettert? In Zebisch' Bearbeitung gibt es *drei* Balkone, auf jedem steht eine Julia. Auf ein Startzeichen klettern drei Romeos auf drei Strickleitern hinauf, herunter und wieder hinauf. Wer als erster oben ist, hat gesiegt und bekommt nicht nur einen Punkt, sondern auch ein gelbes Leiberl, was am Ende der Vorstellung für die Gesamtwertung mitbestimmend ist.
Nun kommt die Szene in Julias Schlafgemach. Wie alle Männer ist Romeo gesättigt und will nach Hause. Er hört die Lerche trällern. Aber Julia hält ihn zurück. Sie seufzt:

> Willst du schon geh'n? Der Tag ist ja noch fern.
> Es war die Nachtigall und nicht die Lerche,
> Die eben jetzt dein banges Ohr durchdrang.
> Sie singt des Nachts auf dem Granatbaum dort.
> Glaub, Liebster, mir, es war die Nachtigall.

Romeo bleibt dabei, es wäre die Lerche gewesen. Nun folgt ein eingeschobenes Quiz. Quiz, ebenso beliebt wie der Sport, wird ebenfalls Leute ins Theater locken. 1. Frage: Was für ein Unterschied ist zwischen einer Nachtigall und einer Lerche? 2. Frage: Zu welcher Tiergattung gehören die beiden? 3. Frage: Wie bewegen sich Nachtigall und Lerche fort? Schwimmend, kriechend oder fliegend? Fünf Kandidaten aus dem Publkum dür-

fen raten, sie haben für jede Antwort fünfzehn Sekunden Zeit, dalli, dalli, der Sieger bekommt eine Ferienreise mit der U-Bahn, nach der Station seiner Wahl.
Nach dieser Einlage geht es weiter mit dem ziemlich langen Dialog zwischen Romeo und Julia, den alle drei Romeos und alle drei Julias gleichzeitig sprechen. Das Paar, das zuerst damit fertig ist, hat gesiegt. Natürlich muß der Sieger der Schnellsprechkonkurrenz nicht der Sieger des Strickleiter-Wettbewerbes sein. Ist er es nicht, hat der erste Sieger dem zweiten das gelbe Leiberl zu geben. Auch bekommt der zweite Sieger einen Punkt, wodurch der Punktestand 1 : 1 ist.
Zu Beginn des Stückes gibt es bei Shakespeare eine Szene, in der die Fans der beiden Familien Montague und Capulet zusammenstoßen. Nicht so bei Zebisch. Zebisch verlegt diese Szene als Höhepunkt des Abends an den Schluß des Stückes. Auf Montagues Seite sind Mercutio, Benvolio und Balthasar, auf der Seite Capulets Tybalt, Simson und Gregorio. Einige Edle kommen dazu, so daß es im Nu auf jeder Seite ein Team mit elf Mann gibt. Schon ziehen die beiden Gruppen ihre Schwerter, da erscheint Bruder Lorenzo, ein Franziskanermönch, der in dem Drama eine große Rolle spielt, und ruft: »Hallo, Sportfreunde! Nicht die Degen sollen entscheiden, sondern der Fußball!« Jubel im Publikum. Und schon hüpft Julia, dem Sarg entstiegen, einen Fußball in Händen, zwischen die beiden Mannschaften. Montague und Capulet, die beiden Alten, sind die Liberos, nicht *trotz*, sondern *wegen* ihres Alters, da man hofft, auf diese Weise auch die Seniorenverbände für die Aufführung zu interessieren, Romeo und Julia stellen sich in die gegnerischen Tore, Julia nicht *trotz*, sondern *wegen* ihres weib-

lichen Geschlechts, weil man auch die Emanzen für den Theaterbesuch gewinnen will. Einer der Edlen nimmt den Ankick vor – Bruder Lorenzo fungiert als Schiedsrichter. In seiner Kutte rennt er, das Pfeiferl in der Hand, hin und her, kontrolliert das Spiel, verteilt gelbe und rote Karten und läßt sich von den Zuschauern anpöbeln.
»Pfui Schiedsrichter!« rufen die Leute im Parkett. Von den Galerien werden Colaflaschen, aus den Logen, wo sich das bessere Publikum befindet, Champagnerflaschen auf die Bühne geworfen. Romeo, der eben einen Ball verfehlt hat, wird von den Zuschauern ausgebuht und zeigt ihnen sein Hinterteil. Abpfiff. Das Spiel ist aus. Hat das Team der Montagues gewonnen und bereits bei den früheren Konkurrenzen (Strickleiterklettern und Schnellsprechen) einen oder gar zwei Punkte erreicht, ist es Endsieger und bekommt einen Pokal. Gewinnen die Capulets, sind sie die Sieger.
Das Publikum tobt und geht befriedigt nach Hause. Unterwegs wirft es ein paar Autos um, schlägt einige Schaufensterscheiben ein, belästigt harmlose Passanten und ist sich einig: »Das war wieder einmal ein schöner Theaterabend!«

Voranzeige: »Wilhelm Tell« mit großer Apfelvomkopfschießenkonkurrenz.

Manche Menschen wissen nicht, was sie wissen, bis sie wissen, was sie nicht *wissen. Einer dieser Menschen ist Herr Jorisch. Meinen treuen Lesern brauche ich ihn nicht mehr vorzustellen – meine neuen lernen ihn in der folgenden Geschichte kennen. Sie spielt in einem kleinen Wiener Kaffeehaus. Die Gäste: Herr Rott und Herr Jorisch – der Ober: Herr Josef – der Titel:*

Das Fertighaus

ROTT: (sitzt an einem der Tische und ruft) Josef! – Josef!

JOSEF: (kommt) Guten Morgen, Herr Rott! Entschuldigen, ich hab grad Radio gehört. Ich sag Ihnen – diese Politiker halten uns für die reinsten Trotteln.

ROTT: Was denn sollen sie? Uns für gescheit halten? Wie kann ein Politiker an die Klugheit der Staatsbürger glauben, wenn er weiß, daß sie ihn gewählt haben?

JOSEF: Da haben Sie recht. Solang' ich jung war, war das noch ganz anders. Wir haben weniger Freizeit gehabt – grad nur den einen Sonntag in der Woche – aber auf den haben wir uns gefreut. Heute werden die Wochenenden immer länger, und die Leute sind auch nicht zufrieden. Grad jetzt hab ich gehört, wie der Sozialminister vorgeschlagen hat, anstatt der Fünftagewoche die Dreitagewoche einzuführen – und wissen Sie, was die Betriebsräte gefragt haben?

ROTT: Na?

JOSEF: Wer den Arbeitnehmern die zwei Mittagspausen ersetzen wird.

JORISCH: (tritt ein) Guten Morgen!

ROTT: Guten Morgen, Herr Jorisch!

JOSEF: Guten Morgen, Herr Jorisch! Was wäre Ihr Wunsch, Herr Jorisch?

JORISCH: (während er sich zu Rott setzt) Mein Wunsch wäre eine Nacht mit der Bo Derek – nehmen werde ich einen Kaffee.

ROTT: Ich nehme auch einen.

JOSEF: Zwei Kaffee, bitte sehr! (er geht)

ROTT: Wer ist diese Bo Derek?

JORISCH: Das wissen Sie nicht? Ein Filmstar aus Hollywood.

ROTT: Gut?

RANG.

Jorisch: Sehr gut. Ich habe sie in einem amerikanischen Brustspiel gesehen – wunderbar! Gehen Sie nie ins Kino?

Rott: Nein. Mir genügt das Fernsehen. Mir gefallen diese modernen Kino-Centers nicht. Drei Kinos in *einem* Haus.

Jorisch: Da haben Sie recht. Meine Frau und ich wollten uns neulich einen Western ansehen. Kino A: ausverkauft. Kino B: ein Schocker – ausverkauft. Haben wir uns im Kino C den alten Ben Hur-Film angeschaut. Dauer vier Stunden! Solang' war ich mit meiner Frau nicht beisammen seit unseren Flitterwochen. Was mir früher gefallen hat, waren die Familienfilme. Warum man die nicht mehr dreht?

Rott: Weil sich keine Familie mehr leisten kann, ins Kino zu gehen. Sie wissen doch, was das Leben kostet. Allein die Fleischpreise. Ich habe neulich gehört, daß es im Badener Spielcasino einen Automaten gibt, der kein Geld annimmt. Man wirft ein Stück Schweinefleisch hinein, und wenn man gewinnt, kommt ein Kilo Kalbfleisch und ein Rindsfilet heraus.

Jorisch: Hören Sie auf von Schweinefleisch zu reden. Ich fühle mich heute nicht ganz wohl. Sie waren doch gestern auch bei der Verlobung von der Riebeisltochter. Da muß etwas nicht ganz frisch gewesen sein.

Rott: Die Braut.

Jorisch: Ich meine das Buffet.

Rott: Das kann ich nicht beurteilen. Ich habe gegessen wie ein Vogel.

Jorisch: Ich habe Sie gesehen. Sie sind von einer Schüssel zur anderen gehüpft.

Rott: Sie haben aber auch ganz schön zugegriffen.

Wenn Sie ein Chinese wären, hätten Sie drei Stäbchen gebraucht. Kocht Ihre Frau nicht gut?

JORISCH: Im Gegenteil. Meine Frau kocht sogar sehr gut.

ROTT: Meine Frau auch. Ihre Spezialität ist »Junge Hühnersuppe.« Da nimmt sie die Flügel des Huhns, die Knochen des Huhns, die Innereien des Huhns, Magen, Leber, Herz ...

JORISCH: Meine Frau macht immer »Ganz junge Hühnersuppe«.

ROTT: Was nimmt sie da dazu?

JORISCH: Das Wasser, in dem sie die Eier kocht.

JOSEF: (bringt zwei Tassen) Da ist der Kaffee, meine Herren.

ROTT: Höchste Zeit! Seit einer halben Stunde warte ich drauf.

JOSEF: Es wäre schön, wenn alle Gäste so eine Geduld hätten. Dafür dürfen Sie mir von Ihrem Urlaub eine Ansichtskarte schreiben.

ROTT: Würde Sie das freuen?

JOSEF: Sehr. Und besonders freuen würde es mich, wenn Sie vergessen würden, die Karte aufzugeben. (geht kichernd ab)

ROTT: (starr) Was sagen Sie zu dieser Frechheit?

JORISCH: Das darf Sie doch nicht schockieren. Der Josef macht doch gern solche Witze.

ROTT: Ich habe keine Zeit für Witze! (schaut auf die Uhr) Halb elf. In einer Viertelstunde muß ich gehen.

JORISCH: Wohin? Sie bleiben doch sonst immer bis zwölf hier?

ROTT: Das war einmal. Ich arbeite.

JORISCH: Was arbeiten Sie?

ROTT: Sie wissen doch, daß mein Schwiegersohn Fertighäuser erzeugt. Da suche ich Interessenten dafür und bekomme für jedes Haus eine Provision. Was ist mit Ihnen? Möchten Sie nicht auch ein Fertighaus kaufen?

JORISCH: Nein. Ein Bekannter von mir hat eines gekauft, das haben die Arbeiter verkehrt aufgestellt, und in der Nacht ist er vom Bett auf den Plafond gefallen.

ROTT: Das gibt es bei uns nicht. Ich kann Ihnen sagen – es gibt nichts Schöneres als ein Fertighaus im Grünen. Natürlich müssen Sie, wenn Sie so ein Haus haben wollen, zuerst einen Grund haben.

JORISCH: Einen Grund habe ich.

ROTT: (erfreut) Sie haben einen Grund?

JORISCH: Nicht nur einen, ich habe mehrere Gründe.

ROTT: Was für Gründe sind das?

JORISCH: Die gute Luft, die schönen Spaziergänge ...

ROTT: (ärgerlich) Ich meine doch einen Baugrund!

JORISCH: Den habe ich nicht.

ROTT: Den brauchen Sie aber, wenn Sie ein Fertighaus wollen!

JORISCH: Ich will kein Fertighaus. Ich habe gehört, es macht viel mehr Spaß ein altes Haus umzumodeln, als ein neues zu bauen, und es kostet höchstens zweimal soviel.

ROTT: (heftig) Sie sollen doch keines bauen! Sie sollen ein Fertighaus kaufen! Verstehen Sie? Ein Fertighaus! Ich will Ihnen nicht schmeicheln, aber Sie sind manchmal so dumm – ich glaube, Sie könnten sich in einer Telefonzelle verirren.

JORISCH: Sie haben eine Art mit mir zu reden ...

ROTT: Entschuldigen Sie, ich bin so impulsiv.

JORISCH: Sonst macht es mir ja nichts, aber heute fühle ich mich nicht gut.

ROTT: Vielleicht haben Sie gestern bei der Verlobung zuviel Alkohol getrunken.

JORISCH: Das wäre möglich. Heute früh habe ich mich nicht aus dem Zimmer getraut, weil ich gefürchtet habe, daß ich mit dem Kopf nicht durch die Tür kann.

ROTT: Das ist typisch Alkohol. Wenn Sie da ein Fertighaus im Grünen haben, öffnen Sie die Fenster, der Ozon kommt herein ...

JORISCH: Wer ist das?

ROTT: Der Sauerstoff. Den atmen Sie ein, und gleich ist Ihnen besser.

JORISCH: Das muß schön sein. Wie groß ist so ein Fertighaus?

ROTT: Das kommt ganz darauf an. Ich würde Ihnen vorschlagen: einen großen Wohnraum, drei Schlafzimmer --

JORISCH: Wozu drei Schlafzimmer?

ROTT: Eines für Sie, eines für Ihre Frau und eines für Ihre Tochter.

JORISCH: Meine Tochter wohnt nicht bei uns. Die ist noch nicht verheiratet.

ROTT: Dann zwei Schlafzimmer.

JORISCH: Das wird meiner Frau nicht recht sein.

ROTT: Warum nicht?

JORISCH: Wegen der Wärme. Denken Sie an den letzten Winter. Da war es doch so kalt – wenn mir jemand gesagt hätte, ich soll zum Teufel gehen, hätte ich die Koffer gepackt. Da kuschelt sie sich dann fest an mich --

ROTT: Das lassen Sie sich gefallen?

JORISCH: Ich kann nichts dagegen tun. Sie friert so leicht. Der Arzt hat ihr geraten, sie soll Vitamin C nehmen und nach Tunesien fahren.

ROTT: Und Sie?

JORISCH: Ich habe ihr gesagt, sie soll Vitamin C nehmen, nach Tunesien fahren – und dort bleiben.

ROTT: Punkto Wärme kann ich Ihnen wieder nur zu einem Fertighaus raten. Da können Sie einen offenen Kamin haben ––

JORISCH: Das ist nichts für mich. Vorne wird man geröstet und hinten klappern einem die Zähne.

ROTT: Lassen Sie sich eine Fußbodenheizung machen.

JORISCH: Was ist *das?*

ROTT: Da wird unter dem Fußboden ein Heizkörper angebracht, damit Sie immer warme Füße haben.

JORISCH: Das brauche ich nicht. Da zieh' ich lieber zwei Paar Socken an.

ROTT: Schämen Sie sich nicht?

JORISCH: Wer weiß das schon?

ROTT: (gereizt) *Sie* wissen es, und das genügt! Als Besitzer eines Fertighauses können Sie nicht zwei Paar Socken tragen! Das wäre grad so, wie wenn die Königin von England zwei Paar Socken tragen würde!

JORISCH: Hat denn die Königin von England ein Fertighaus?

ROTT: (immer gereizter) Nein!!!

JORISCH: Warum trägt sie dann zwei Paar Socken?

ROTT: Sie trägt keine zwei Paar Socken!!!

JORISCH: Sie haben doch gesagt ––

ROTT: (unterbricht ihn wütend) Ich habe gesagt: Das

wäre so, wie wenn die Königin von England zwei Paar Socken tragen *würde!* Die Königin von England hat kein Fertighaus – die Königin von England hat den Buckingham-Palast!

JORISCH: Wer kennt den schon?

ROTT: (ereifert sich) Jeder kennt ihn! Ich kenne ihn, der Josef kennt ihn, die zwei Herren, die dort Domino spielen, kennen ihn, der Polizist an der Kreuzung kennt ihn – –

JORISCH: Dann muß doch *ich* ihn nicht kennen.

ROTT: (versucht, sich zu beruhigen, um das Geschäft nicht zu verlieren) Sie haben recht, Sie müssen ihn nicht kennen. Reden wir von der Heizung weiter. Lassen Sie sich einen Kachelofen machen. Da haben Sie nicht nur einen Heizkörper – da haben Sie gleichzeitig ein Schmuckstück in Ihrem Wohnzimmer.

JORISCH: Wer braucht das schon?

ROTT: (wieder aufbrausend) Sagen Sie nicht immer: Wer weiß das schon, wer braucht das schon, wer kennt das schon! Wenn man Ihnen zuhört, muß man denken, daß Sie überhaupt keinen Wortschatz besitzen.

JORISCH: Wer denkt das schon?

ROTT: Hören Sie auf, ich bitte Sie! Wenn Sie keinen Kamin und keinen Kachelofen wollen, lassen Sie sich eine Ölheizung machen. Die kommt etwas teuerer. Nicht wegen der Geräte, sondern wegen des Ölpreises. Eine Ölheizung kostet Sie pro Monat mindestens zweitausend Schilling.

JORISCH: Da kommt es doch billiger, wenn man das Geld verbrennt.

ROTT: Wollen Sie lieber frieren?

JORISCH: Wer will das schon?

ROTT: (stöhnt) Jetzt sagen Sie wieder »Wer will das schon!« *Sie* scheinen es zu wollen, weil Sie sich zu keiner Art von Heizung entschließen können! Wie wäre es mit einem Allesbrenner?

JORISCH: Wer hat das schon?

ROTT: (aufbrausend) Viele haben es! Viele!

JORISCH: Regen Sie sich nicht auf, Herr Rott, das ist ungesund! Aber wegen der Heizung: Ich habe neulich von einer Heizung gelesen ... ich habe nur vergessen, wie sie heißt ... »in« war dabei ... und eine Farbe ... ich glaube rot ...

ROTT: Eine Infrarotheizung! Die würde ich Ihnen nicht empfehlen. Die eignet sich nur für kleine Räume oder zur Bestrahlung einer kleinen Fläche. Wenn Sie zum Beispiel ein Abszeß haben. Aber Sie haben ja keines.

JORISCH: Gott sei Dank habe ich keines. Wer braucht das schon?

ROTT: (hält sich verzweifelt den Kopf) Wer braucht das schon! Lassen wir die Heizung. Mein Schwiegersohn kann Sie da besser beraten. Sagen Sie mir lieber, wie Sie sich das Haus vorstellen. Wollen Sie einen Bungalow? Oder ein Haus mit einem Stockwerk, mit zwei Stockwerken?

JORISCH: Wer will das schon?

ROTT: (cholerisch) Wer will das schon! Ich allein habe schon drei Verträge für zweistöckige Fertighäuser gemacht. Nehmen Sie an, Sie haben Gäste und möchten, daß die Gäste bei Ihnen übernachten.

JORISCH: Wer mag das schon?

ROTT: Vielleicht Sie?

JORISCH: Ich nicht. Ich mag keine Gäste. Ich habe genug

mit meiner Schwiegermutter. Meine Schwiegermutter hat uns ein einziges Mal besucht – –

ROTT: (unterbricht ihn) Ein einziges Mal? Sie wollen mir einreden, daß Ihre Schwiegermutter Sie nur ein einziges Mal besucht hat?

JORISCH: Ich schwöre es Ihnen. Am Tag nach der Hochzeit ist sie gekommen und nicht mehr fortgegangen. Ich werde Ihnen etwas sagen, Herr Rott: Lassen wir das mit dem Fertighaus. Erstens hab ich sowieso kein Geld – –

ROTT: (empört) Sie haben kein Geld? Und da lassen Sie sich von mir stundenlang alle Einzelheiten erklären?

JORISCH: Sie haben doch damit angefangen. Außerdem will ich mit Ihrem Schwiegersohn nichts zu tun haben. Man sagt, daß er kein reeller Geschäftsmann ist.

ROTT: Mein Schwiegersohn? Wer sagt das?

JORISCH: Wenn Sie es wissen wollen: der Stalzer. Der hat auch ein Fertighaus bei ihm gekauft und behauptet, daß er ihn betrogen hat.

ROTT: (drohend) Herr Jorisch! Wollen Sie, daß mein Schwiegersohn Sie auf Ehrenbeleidigung klagt?

JORISCH: Wer will das schon?

ROTT: Dann reden Sie nicht solche Sachen! Wenn Sie aber schon die Frechheit haben, einen Rufmord an meinem Schwiegersohn zu begehen, dann werde *ich* Ihnen etwas über Ihre Tochter sagen! Wissen Sie, daß Ihre Tochter ein Verhältnis mit einem verheirateten Mann hat? Jeden Abend holt sie ihn vom Geschäft ab, geht mit ihm essen und dann in ihre Garçonnière, wo er oft die ganze Nacht über bleibt.

JORISCH: (außer sich, springt auf) Wer ist dieser Mann?

ROTT: Das sage ich nicht.

JORISCH: (drohend) Sie werden es sagen, sonst klage ich *Sie* auf Ehrenbeleidigung.

ROTT: Beruhigen Sie sich doch, Herr Jorisch! Sie sind schon ganz blaß! Was ist schon dabei, wenn ein Mädel heute ein Verhältnis hat?

JORISCH: Reden Sie nicht soviel herum! Wer der Mann ist, will ich wissen!

ROTT: Wenn Sie drauf bestehen? Aber ich warne Sie – es wird Ihnen die Rede verschlagen. Dann werden Sie nicht mehr sagen: Wer braucht das schon, wer will das schon, wer mag das schon. Es ist – der Fotohändler an der Ecke.

JORISCH: Der? (setzt sich erleichtert wieder hin) Wer kennt den schon?

Der kluge Mann baut vor – der weniger Kluge baut ein Fertighaus.

Ein Junggeselle ist ein Mann, der niemanden hat, der seine Sorgen mit ihm teilt – aber hat ein Junggeselle Sorgen? Ich glaube es nicht. Er ist wie ein Artist – mit einem Unterschied. Der Artist schaut genau, bevor er springt – dann springt er. Der Junggeselle schaut auch, aber er springt nicht. Meine nächste Geschichte heißt – Sie werden bald erfahren weshalb –

Geflügelte Worte

Goldmann, Spannagl und Robinson saßen im Kaffeehaus.
»Habt ihr gehört?« begann Goldmann. »Der Wurlitsch hat geheiratet.«
»Nicht möglich!« sagte Spannagl überrascht. »Der Wurlitsch? Der immer betont hat, was für ein eingefleischter Junggeselle er ist?«
»Eingefleischter Junggeselle«, brummte Robinson. »Wir waren auch eingefleischte Junggesellen, und es hat uns doch erwischt.«
»Bereust du es etwa?«
»Nicht immer. Jetzt zum Beispiel, wo meine Frau zur Kur in Bad Kissingen ist, fühle ich mich so schlecht, als ob sie da wäre.«
»Ich habe zu früh geheiratet«, fand Goldmann. »Ich hatte keine Erfahrung. Heute kenne ich in meiner ganzen Familie nur einen einzigen, der eine gute Partie gemacht hat.«
»Und wer ist das?« erkundigte sich Spannagl.
»Meine Frau.« Spannagl und Robinson lachten. »Aber daß der Wurlitsch hereingefallen ist«, fuhr Goldmann fort, »das freut mich. Erinnert ihr euch, wie er immer behauptet hat, daß ihn keine herumkriegt? Wie er immer angegeben hat mit seinem Glück bei Frauen? Wie er erzählt hat, daß er im voraus jedes Wort weiß, das sie ihm sagen werden, wenn er sie im Wagen nach Hause bringt und sie überredet, noch einen Drink bei ihm zu nehmen? Die eine, hat er erzählt, sagt: ›Nur wenn Sie mir versprechen, daß Sie sich anständig benehmen werden‹, die zweite: ›Sparen Sie sich Ihre Worte, es hat keinen Zweck‹, die dritte: ›Ich dachte, ich kann Ihnen vertrauen‹, die vierte ruft: ›Hilfe –‹«

»Das wissen wir doch auch«, unterbrach ihn Spannagl. »Oder könnt ihr euch nicht mehr erinnern? Die eine sagt: ›Wieso glauben Sie, daß ich so eine bin?‹ Die zweite sagt: ›Nur wenn Sie mir hundertprozentig versprechen, daß Sie mich ins Fernsehen bringen!‹, die dritte sagt –«

»›Wenn das mein Mann erfährt!‹« fiel ihm Robinson ins Wort. »Es ist immer dasselbe. Wie oft habe ich von Frauen, die ich für besonders schwere Fälle gehalten habe, gehört: ›Sagen Sie mir nur, wo! Ich gehe nicht gern in Hotels.‹«

»Das habe ich auch oft gehört«, sagte Goldmann. »Oder: ›Geben Sie die Hände weg!‹«

»Das sagt jede«, meinte Robinson wieder. »Oder: ›Und Sie sagen, daß Sie der beste Freund meines Mannes sind?‹«

»Oder«, fuhr Goldmann fort, »›Eigentlich wollte ich damit bis zu meiner Hochzeit warten.‹«

»Oder: ›Müssen Sie immer wieder davon anfangen?‹«

»Geflügelte Worte«, seufzte Robinson. »Da hat der Wurlitsch geglaubt, daß nur er sie kennt. Wen hat er denn eigentlich geheiratet?«

»Die junge Wimmer.«

»Die Eva?« lachte Robinson. »Die habe ich doch auch einmal nach Hause gebracht.«

»Ich auch!« freute sich Spannagl.

»Ich auch!« wunderte sich Goldmann.

»Mir hat sie gesagt«, berichtete Robinson weiter: »›Ich weiß jetzt schon, daß es mir morgen leidtun wird.‹«

»Mir«, lachte Spannagl, »hat sie gesagt: ›Ich habe mich schon gewundert, wie lange Sie gebraucht haben, um mich das zu fragen.‹«

»Bei mir war sie kurz angebunden«, sagte Goldmann.

»Mir hat sie gesagt: ›Worauf warten wir noch?‹« Sie lachten.
»Dem Wurlitsch geschieht recht«, fand Spannagl.
»Ganz meine Meinung«, setzte Robinson hinzu.
»Das ist die Strafe«, meinte Goldmann. Im selben Moment betrat Wurlitsch das Lokal und begrüßte die drei.
»Wurlitsch!« sprang Spannagl auf und rief: »Wir haben gehört, daß Sie geheiratet haben!«
»Endlich!« sagte Goldmann und drückte ihm die Hand.
Und dann alle drei: »Wir gratulieren Ihnen zu Ihrer Frau!«

Es ist ein Glück, daß der Mensch einen Rücken hat, weil man ihm nicht alles ins Gesicht sagen kann.

Es gibt drei Klassen von Menschen: die Erfolgreichen, die Erfolglosen, und die dritte, die der zweiten sagt, wie es die erste gemacht hat, um erfolgreich zu werden. Und dann gibt es noch eine vierte Klasse: Das sind die Außenseiter, die plötzlich aufsteigen, ohne zu wissen, wieso und warum. Zu den letzteren gehört Onkel Noldi. Er wurde plötzlich

Ein Erfolgsmensch

»Hast du gehört?« fragte mich meine Frau, als ich zur Tür hereinkam.
Ja, ich hatte gehört. Was gehört? Es. Und nicht nur einmal hatte ich es gehört, sondern zehnmal. Zuerst berichtete es mir mein Schwager Goldmann, der hatte es von Robinson, der wieder von Wronsky, Wronsky von Spannagl und Spannagl von Pinagl. Der Ober Anton erzählte es mir im Kaffeehaus, mein Friseur beim Haareschneiden und Knoll, Poll und Schmiedl beim Mittagessen im Restaurant.
Was war geschehen? Onkel Noldi war auf dem Ballhausplatz, vor dem Bundeskanzleramt, gesehen worden, und zwar im Gespräch mit dem Bundeskanzler persönlich. Onkel Noldi, den keiner von uns für voll nahm, Onkel Noldi, der seiner Zeit voraus war, weil er mit sechzig schon so senil war wie andere mit achtzig – Onkel Noldi im Gespräch mit dem Bundeskanzler! Die Darstellungen, wie dieses Gespräch vor sich gegangen war, waren allerdings unterschiedlich. Nach Spannagl habe Onkel Noldi mit dem Bundeskanzler gesprochen, nach Pinagl hätten die beiden sich vertraulich miteinander unterhalten, nach Wronsky habe der Bundeskanzler Onkel Noldis Hände geschüttelt, nach Robinson habe der Staatschef die rechte Hand auf Onkel Noldis linke Schulter gelegt, und nach Goldmann habe der Bundeskanzler Onkel Noldi umarmt und ihn, nach slawischer Sitte, auf beide Backen geküßt. Gesehen hatte es keiner.
»Du mußt herausbekommen, was daran wahr ist«, trug meine Frau mir auf. Also ging ich zu dem Versicherungsunternehmen, bei dem Onkel Noldi beschäftigt war. Beschäftigt ist zuviel gesagt. Onkel Noldi hatte vierzig Jahre lang für das besagte Unternehmen gearbeitet, war in

Pension gegangen, hatte es zu Hause nicht ausgehalten, und so hatte man ihm, der sein halbes Leben in einer bescheidenen Stellung für die Firma tätig gewesen war, einen noch bescheideneren Job gegeben. Ihm war ja nicht um das Gehalt zu tun, er wollte bloß eine Beschäftigung haben. So saß er im Parterre in einer kleinen Kammer und stempelte das Datum auf die eingelaufene Post. »Das ist doch eine idiotische Tätigkeit«, meinte ich. Drauf sagte er: »Ich finde sie sehr abwechslungsreich, weil ja das Datum jeden Tag ein anderes ist.« Das ist Onkel Noldi.

»Sie wollen zu Herrn Bolberitz?« fragte mich der Portier, als ich das Gebäude betreten hatte. »Der ist nicht mehr im Einlauf, der ist im 1. Stock beim Empfang.« Nanu? dachte ich und ging in den 1. Stock.

»Herr Bolberitz«, sagte man mir dort, »ist im 2. Stock in der Verwaltung.« Ich fuhr in den 2. Stock.

»Herr Bolberitz«, teilte man mir in der Verwaltung höchst respektvoll mit, »ist im 3. Stock, im Büro des Personalchefs.« Ich fuhr in den 3. Stock.

»Herr Bolberitz«, sagte man mir dort ehrerbietig, »wurde in den 4. Stock in die Public-Relations-Abteilung berufen, blieb aber nur eine Stunde dort und ist jetzt als persönlicher Referent von Herrn Direktor Eberhart im 5. Stock tätig.« Direktor Eberhart kannte ich, er war mit mir zur Schule gegangen.

»Du suchst deinen Onkel?« empfing er mich. »Er ist nicht mehr hier. Er ist im 6. Stock – als stellvertretender Generaldirektor.« Ich mußte mich setzen. Was hatte das alles zu bedeuten? »Du wunderst dich?« fragte Eberhart und setzte mit leichtem Vorwurf hinzu: »Du hättest mir übrigens auch etwas von der Stellung deines Onkels in der Partei verraten können.«

»In der Partei? Onkel Noldi?«
»Wir wußten es auch nicht. Wir haben es erst heute durch unseren Syndikus, Dr. Meyer, erfahren, der es wieder von einem seiner Kollegen, einem gewissen Dr. Robinson, hat. Dein Onkel ist in das Kanzlerauto gestiegen, und der Kanzler selbst hat ihm den Schlag geöffnet.« Er sah sich vorsichtig um, ob ihn nicht vielleicht jemand hören könne. »Du kennst doch die Korruptionsfälle der letzten Zeit«, setzte er leise fort. »Wie leicht kann man heute in etwas hineinschlittern. Wir glauben nicht«, sagte er noch leiser, »daß dein Onkel aus Freude an der Arbeit unsere Post abgestempelt hat. Wir fürchten vielmehr, daß er bei uns eingeschleust wurde, um uns zu beobachten. Nicht, daß wir ein schlechtes Gewissen hätten, aber ein Unternehmen, das heute keine Butter am Kopf hat, kann nicht ehrlich sein. Da braucht man eben einen Menschen, der beim Bundeskanzler ein- und ausgeht und weiß, was er zu berichten hat. Dein Onkel bleibt bei uns, wird aber außerdem von zwei anderen Versicherungen in den Vorstand sowie von drei Banken in den Verwaltungsrat berufen werden. Fahr nur zu ihm hinauf, und nimmt bitte den Präsidentenlift.«
Ich nahm den Präsidentenlift, wollte mich eben bei dem stellvertretenden Generaldirektor anmelden lassen, als von einem Diener die Tür aufgerissen wurde und Onkel Noldi, eine dicke Zigarre im Mund, auf den Korridor trat.
»Onkel Noldi!« sagte ich betroffen und machte unwillkürlich eine tiefe Verbeugung.
»Du?« fragte er erstaunt. »Was machst du hier?«
»Ich habe von deiner Blitzkarriere gehört. Wie war das nur möglich?«

RANG

»Das weiß ich selber nicht. Ich weiß nur, daß ich einen lebenslangen Vertrag mit den Bezügen und dem Pensionsanspruch eines Generaldirektors habe. Vielleicht sind sie nach vierzig Jahren auf meine Fähigkeiten gekommen.«
»Tu doch nicht so, Onkel. Ich weiß doch genau, daß es sich dabei um deine Verbindungen zur Partei handelt.«
»Zur Partei? Zu was für einer Partei?«
»Versuche doch nicht, den Unwissenden zu spielen. Oder warst du heute vielleicht nicht auf dem Ballhausplatz?«
»Ich bin jeden Tag auf dem Ballhausplatz. Der liegt auf meinem Spazierweg.«
»Heute hast du aber mit einem gewissen Herrn gesprochen.«
»Mit einem Herrn? Ja!« fiel es ihm plötzlich ein. »Ich habe von einem Herrn, der eben in sein Auto steigen wollte, Feuer verlangt.«
»Vom Bundeskanzler.«
Onkel Noldi war baff. »Das war der Bundeskanzler?« wunderte er sich. »Deshalb ist er mir so bekannt vorgekommen!«
Der Vertrag wurde eingehalten – die Pension wird bezahlt.

Butter am Kopf ist ein kostspieliges Fett.

Wenn Sie einem Menschen einen Gefallen erweisen, wird er Ihnen dankbar sein. Erweisen Sie ihm einen zweiten, wird er es für selbstverständlich halten. Glauben Sie mir:

Dankbarsein ist undankbar

Wir haben einen Hausbesorger mit vier Kindern, der es immer versteht uns mitzuteilen, wenn eines von ihnen Geburtstag hat. Er macht das unterschwellig, nach den neuesten Erfahrungen der TV-Werbung. Im ORF ist z. B. die Werbung für Zigaretten verboten. Was macht man? Man nennt eine Kaffeemischung nach einer Zigarettensorte, gibt den beiden eine sich ähnelnde Verpackung, zeigt auf dem Bildschirm den Kaffee, und jeder kriegt Lust auf eine Zigarette. So unser Hausbesorger. Er sagt nicht: »Am 19. März hat unser Hansi Geburtstag« – er sagt: »Am 20. März beginnt, Gott sei Dank, der Frühling, und (das folgende sagt er sehr deutlich) *am 19. hat unser Hansi Geburtstag.«* Er sagt auch nicht: »Am 5. Jänner hat unsere Leni Geburtstag.« Er sagt: »Ich habe es richtig schwer. Zu Weihnachten habe ich den Kindern Geschenke gekauft, und (das folgende wieder sehr deutlich) *am 5. Jänner hat schon wieder meine Leni Geburtstag.«* Oder: »Wie die Kinder wachsen. Mir kommt es vor, als ob unsere Zwillinge gestern zur Welt gekommen wären, und (wieder sehr deutlich) *übermorgen sind sie schon zehn Jahre alt. Beide!«* setzt er noch hinzu. Natürlich müssen wir dann immer etwas schenken, und das wäre nicht das Schlimmste. Das Schlimmste ist ihre Dankbarkeit. Wenn meine Frau oder ich Geburtstag haben, schenken sie uns Strohblumen, selbstgebastelte Bastmännchen, die umfallen, wo immer man sie hinstellt, häßliche Gipskatzen und andere Tiere, die die ganze Wohnung verschandeln. Warum werfen Sie die Dinger nicht weg, werden Sie fragen. Weil das nicht möglich ist. Die Mutter der Kinder ist unsere Raumpflegerin und beobachtet mit Habichtaugen, ob wir die Geschenke auch gebührend zu schätzen wissen. Aber es gibt noch schlimmere Sachen.

So habe ich für einen Menschen, der mir von einem meiner Freunde empfohlen wurde und den ich nicht kenne, bei einem mir bekannten Ministerialrat ein gutes Wort eingelegt. Der Mann, um den es sich handelt, ist Verleger von Sach- und Fachbüchern. Er hatte die gute Idee, dem Ministerium, in dem der mir bekannte Ministerialrat Ministerialrat ist, einige hundert Bücher verkaufen zu wollen, die das Ministerium als Weihnachtsgeschenke verwenden sollte. Das Ministerium hatte eine bessere Idee: Es lehnte den Kauf ab. Ich habe also dem Mann nicht geholfen. Trotzdem erhielt ich nach einigen Tagen ein Paket mit einem Buch, das mich entsetzte. Es war so groß, daß es in keinen meiner Bücherschränke paßte, und auch sein Titel war nicht vielversprechend. Es hieß: »Alles über Pilze« und hatte den schönen Untertitel: »Was Sie über Pilze wissen wollen.« Ich war gebrochen. Erstens wollte ich gar nichts über Pilze wissen, und zweitens wußte ich nicht, wohin mit dem Buch. Unsere Bücherregale sind überfüllt wie die Hotels in einem Wintersportort zu den Energieferien. Das Herausnehmen eines Buches ist ein Unterfangen, zu dem ich mich nur in den äußersten Fällen entschließen kann. Die Stellagen sind vollgepfropft, und erst nachdem ich mir einige Fingernägel abgebrochen habe, halte ich ein Buch in der Hand und nicht immer das gewünschte. Ein Zurückgeben aber ist unmöglich. Der Bücherschrank, der froh war, das Buch loszusein, ächzt und stöhnt, er wehrt sich gegen die Wiederaufnahme des Buches, wirft andere Bücher auf mich herunter, die ich auch wieder nicht zurückgeben kann, so daß sich in meinem Zimmer die Bücher zu Bergen stapeln, die immer höher werden und die ich, wenn z. B. im Vorzimmer das Telefon läutet, alle übersteigen muß, was mich so müde macht, daß ich am Abend wie ein Hochtourist ins Bett falle. Und jetzt noch dieser Riesenband! Ich faßte einen Entschluß, setzte mich hin und schrieb: »Sehr geehrter Herr! Vielen Dank für Ihr Buch ›Alles über Pilze.‹ Ich weiß, was die Herstellung eines solchen Werkes den Verlag kostet, und da es leider nicht in meiner Macht lag, Ihnen in der bewußten Sache dienlich zu sein, fühle ich mich nicht in der Lage, Ihr Geschenk anzunehmen. Ich nehme also den guten Willen für die Tat und sende Ihnen das Buch mit der gleichen Post zurück. Ihr etc. etc.«

Acht Tage später erhielt ich es wieder mit folgendem Schreiben: »Sehr geehrter Herr! Ihre Bescheidenheit rührt uns. Wenn es Ihnen auch nicht glückte, unserem Verlag einen Dienst zu erweisen, haben Sie sich doch die Mühe gemacht, und haben wir deshalb beschlossen, Ihnen unser Verlagswerk dennoch zu überlassen. Beiliegend finden Sie noch einen zweiten Band: ›Das Fahrrad und seine Auswirkung auf die Kultur des 20. Jahrhunderts.‹ Wir hoffen, daß auch dieses Werk Ihren Gefallen finden wird. Mit freundlichen Grüßen Ihre etc. etc.«

»Die Auswirkung des Fahrrades auf die Kultur des 20. Jahrhunderts« war ein ebenso großer Band wie »Alles über Pilze«. Meine Bücherschränke schüttelten sich, als sie die beiden sahen, aber ich beruhigte sie. »Ihr bekommt sie nicht«, sagte ich und schrieb folgenden Brief an den Verlag: »Sehr geehrte Herren! Tausend Dank für die beiden Bücher, die Sie mir gesendet haben, aber meine Meinung hat sich nicht geändert. Ich konnte nichts für Sie tun, und so sollen auch Sie nichts für mich tun. Ich sende Ihnen die beiden Bücher, wenn auch traurigen Herzens, zurück. Mit freundlichen Grüßen Ihr etc. etc.«

Einen Monat lang hörte ich nichts von dem Verlag, aber knapp vor Weihnachten kam ein Paket, dem folgendes Schreiben beilag: »Sehr geehrter Herr! Ihre Gefühle ehren Sie. Da wir Ihnen aber unbedingt unsere Dankbarkeit bezeigen wollen, senden wir Ihnen, nach Rücksprache mit unseren Aktionären und sämtlichen Mitarbeitern, unsere drei großen Verlagswerke: ›Alles über Pilze‹, ›Die Auswirkung des Fahrrades auf die Kultur des 20. Jahrhunderts‹ sowie ›Kaiser Franz Joseph und seine Beziehung zum Wetterbericht‹. Wir hoffen, Ihnen mit diesen drei Büchern eine kleine Weihnachtsfreude zu bereiten und sind mit den besten Grüßen Ihre etc. etc.«
Unsere Regale krachten drohend, als ob sie jeden Moment auseinanderbrechen wollten. »Ihr bekommt sie nicht«, beruhigte ich sie wieder. Diesmal hatte ich etwas Entscheidendes vor. Ich verpackte die Bücher und schrieb mit der Schrift meiner Frau auf das Paket: »Zurück. Adressat verstorben.« Dann trug ich es zur Post, gab es auf und rieb mir die Hände. Jetzt war ich die dankbaren Verleger ein für allemal los, dachte ich. Dachte ich.
Eine Woche später kam ein ganz großes Paket: »Der Witwe unseres Freundes zum Gedenken an den teuren Verstorbenen. Beiliegend unsere Verlagswerke: ›Alles über Pilze‹, ›Die Auswirkung des Fahrrades auf die Kultur des 20. Jahrhunderts‹, ›Kaiser Franz Joseph und seine Beziehung zum Wetterbericht‹ sowie den Treueband ›Über Rosen, ihre Zucht und Unzucht‹. Ihre etc. etc.«
Diesmal schrieb meine Frau zurück: »Sehr geehrte Herren! Ich danke Ihnen für Ihre tröstenden Worte sowie für die vier Bücher Ihres Verlags. In meiner jetzigen Einsamkeit freue ich mich schon sehr auf die Lektüre. Mit freundlichen Grüßen Ihre etc. etc.« Wir warteten bis

zum 24. Dezember – dann schenkten wir die vier Bücher den vier Kindern unseres Hausbesorgers. Seitdem erinnert er uns nicht mehr an ihre Geburtstage.

Wilhelm Busch würde schreiben: »Dankbarkeit ist sehr erfreulich – aber manchmal auch abscheulich.«

Da wir schon bei Büchern sind, möchte ich gleich noch eine Büchergeschichte anhängen. Ich verdanke sie weder einem Verlag noch einem Buchhändler, sondern meinem Postamt. Ich möchte mich dafür erkenntlich zeigen und sage deshalb:

Danke, liebes Postamt!

Otto gehört mit zu den liebsten Menschen, mit denen ich am Theater zu tun hatte. Vor gar nicht langer Zeit feierte Otto einen runden Geburtstag, und seine Freunde beschlossen, das Ereignis festlich zu begehen. Man bereitete eine tolle Party vor, aber das sollte nicht alles sein. Otto war ein musischer Mensch, und so kam man überein, vor Eröffnung des Buffets ein kleines künstlerisches Programm abrollen zu lassen. Man schrieb einige seiner Freunde an, Sänger, Sängerinnen, eine Violinvirtuosin und auch uns. Wenn ich schreibe uns, meine ich meine Frau und mich. Natürlich sagten alle zu.

»Wenn wir auch auftreten«, meinte meine Frau, »müssen wir Otto doch ein Geschenk mitbringen.«

»Unbedingt«, pflichtete ich ihr bei. »Was stellst du dir vor? Es soll nichts Kostspieliges sein, nicht wegen des Geldes, aber wie ich Otto kenne, würde er sich verpflichtet fühlen, mir an *meinem* Geburtstag ebenfalls etwas Teueres zu schenken, und das möchte ich vermeiden.«

»Was denkst du dir also?« fragte meine Frau.

»Wie wäre es mit einem Buch von mir?«

»Unmöglich. Jeder würde glauben, daß du deine Bücher umsonst bekommst.«

»Ich bekomme sie ja umsonst.«

»Aber nur ein paar Belegexemplare.«

»Otto würde sich freuen, wenn ich ihm etwas Nettes hineinschreibe.«

»Bitte. Dann bring' ihm ein Buch.«

Das Buch wurde in Geschenkpapier verpackt, wir kleideten uns an, ich bestellte ein Funktaxi, das Telefon läutete, meine Frau führte ein längeres Gespräch mit ihrer Freundin, das Taxi stand vor dem Haus, wir wollten ge-

RANG

hen, das Telefon läutete, falsch verbunden, ich nahm meinen Mantel, das Telefon läutete, meine Frau führte ein längeres Gespräch mit einer anderen Freundin, endlich saßen wir im Taxi, wir fuhren los, und da fiel es mir ein: Ich hatte das Buch vergessen. Meine Frau fand sofort, daß ich immer alles vergesse, was aber nicht stimmt, ich habe im ganzen letzten Jahr nur einmal etwas vergessen, und zwar – jetzt habe ich vergessen, was ich vergessen habe. Nicht wichtig. Ich entschuldigte mich bei Otto und versprach ihm, das Buch am nächsten Tag per Post zu schicken. Die kleine Akademie wurde ein großer Erfolg ebenso wie die anschließende Party.

Am nächsten Tag schickte ich Otto das Buch, das heißt, ich wollte es ihm schicken, hatte aber keines jener dikken, gefütterten Kuverts zu Hause, in welchen man für gewöhnlich Bücher verschickt, aber wer hat schon solche Kuverts zu Hause? Meine Frau. Meine Frau hatte eines jener Kuverts zu Hause, es war an sie adressiert, Absender ORF. Man hatte ihr vor Monaten ein Manuskript geschickt, das Kuvert war noch da. Ich gab das Buch hinein, schnitt von einem Bogen Papier, der auf meinem Schreibtisch lag, ein Stück ab, überklebte damit die Adresse, schrieb die Anschrift meines Freundes Otto drauf, und ab ging die Post.

Nach einer Woche sagte ich zu meiner Frau: »Ich verstehe nicht, daß Otto sich nicht für das Buch bedankt.« Nach einer weiteren Woche kam eines jener dicken, gefütterten Kuverts, in welchen man für gewöhnlich Bücher verschickt, adressiert an meine Frau, Absender ORF. »Was können die von mir wollen?« wunderte sie sich. »Ich habe doch gar keinen Vertrag.« Sie öffnete das Kuvert – was war drinnen? Mein Buch mit der Widmung für Otto. Wie war das Buch wieder zurückgekommen? Ich las einmal von einer Katze, die ihre Besitzer, ein Wiener Ehepaar, im Sommer nach Italien mitgenommen hatten, die sich dort verlief und die, Monate später, plötzlich in Wien vor der Wohnungstür saß und miaute. Aber ein Buch? Und wieso war es über den ORF gekommen? Ich rief Otto an – er meldete sich nicht.

In der übernächsten Woche kam ein Brief von ihm, dem ein Zettel beilag. Otto wunderte sich und mit Recht. Der Zettel war jenes Stück Papier, das ich auf das Kuvert mit dem Buch geklebt und auf das ich seine, Ottos, Adresse geschrieben hatte. Es – das Papier – hatte sich anscheinend von dem Kuvert gelöst und war von der Post weiterbefördert worden. Auf dem Kuvert schien natürlich wieder die Adresse meiner Frau auf, und so bekam sie mein Buch, während Otto nur den Zettel in der Hand hatte.

Und nun kam etwas äußerst Unangenehmes: Ich hatte den Zettel, wie bereits oben bemerkt, bevor ich ihn auf das Kuvert klebte, von einem Bogen Papier abgeschnitten, welcher auf meinem Schreibtisch lag. Es war eines jener zahllosen Schmierpapiere, deren Vorderseiten bereits beschrieben sind und auf deren Rückseiten ich meine, ach so köstlichen Geschichten entwerfe. Es stand nur ein Satz drauf: »Ich warte auf die dreitausend Schilling, die man uns versprochen hat.« Weiter nichts. Wahrscheinlich hatte ich den Satz hingeschrieben und die Geschichte wieder verworfen. Otto schrieb: »Hätte ich gewußt, daß ihr für euer Auftreten an meinem Geburtstag dreitausend Schilling verlangt, hätte ich euch engagiert oder nicht engagiert. Wahrscheinlich nicht.« Jetzt ist er böse.

Die Geschichte ist wahr, bis auf den letzten Satz. Otto ist ein so liebenswerter Mensch – er kann gar nicht böse sein. Die Sache hat sich aufgeklärt, für mich aber bleibt sie ein Beweis, wie gut unsere Post arbeitet. Und deshalb sage ich: »Danke, liebes Postamt!«

Solange es Krimis gibt, solange wird es Verbrecher geben. Nur Krimis? Wie steht es mit den Märchen? Sind die nicht ebenso blutrünstig? Lesen Sie:

Eduard im Märchenland

»Hier ist das GGF – das Gebrüder Grimmsche Fernsehen. Nachdem Sie unsere Werbemärchen vom weißesten Weiß, vom frischesten Frisch und vom zischesten Zisch gesehen haben, beginnen wir mit unserem Hauptabendprogramm: Aktenzeichen XY – ungelöst, von und mit Eduard Zammermin.«

»Guten Abend, meine Damen und Herren! Zuerst ein kleiner Rückblick auf unsere letzte Sendung: Wieder ist es uns gelungen, mit Hilfe unserer Zuseher einige Kriminalfälle der letzten Zeit aufzuklären. So ist der Kriminalpolizei in Zwergenstadt durch Hinweis eines Zusehers jene Frau ins Netz gegangen, die dem sechzehnjährigen Schneewittchen den vergifteten Apfel geschenkt hatte, durch den es fast getötet worden wäre. Die Täterin wurde sofort nach ihrer Verhaftung dem Kreisgericht eingeliefert. Ein zweiter Fall, für den die Kripo in Riesenheim zuständig ist. Darf ich bitten, Peter Biletzky!«

Peter Biletzky, Riesenheim, erscheint auf dem Bildschirm. »Ja, Eduard Zammermin, das stimmt. Ich hoffe, daß sich unsere Zuseher noch an den Fall erinnern. Es handelte sich um einen Schuh, der von einer bekannten heimischen Schuhfirma gestiftet wurde und der in dem Fall eine bedeutende Rolle spielte. Die Firma veranstaltete unter der Devise ›Ruckedi guh, ruckedi guh, welcher Fuß paßt in den Schuh‹ ein Preisausschreiben, an dem alle jungen Mädchen im Alter von siebzehn bis zweiundzwanzig Jahren teilnehmen konnten. Die glückliche Gewinnerin des ersten Preises bekam einen Prinzen zum Gemahl, während der zweite Preis aus einem Grafen bestand. Zwei Mädchen, seltsamerweise Schwestern, waren die Siegerinnen. Durch Hinweise unserer Zuseher stellte es sich heraus, daß beide Mädchen sich die Zehen abgehackt hatten, um in den ziemlich kleinen Schuh zu kommen. Die beiden wurden wegen Betrugs verhaftet, der erste Preis wurde ihrer Stiefschwester, einem siebzehnjährigen Küchenmädchen namens Aschenputtel, zuerkannt. Aschenputtel wurde die Frau des Prinzen, und wie uns die Kripo von Riesenheim mitteilt, sollen beide noch leben, wenn sie nicht gestorben sind.«

»Danke, Peter Biletzky. Der dritte Fall wurde von der Kantonspolizei in Koboldsburg gelöst. Darf ich bitten, Gerhard Blümli!«

Gerhard Blümli, Koboldsburg, spricht vom Bildschirm: »Guten Abend, Eduard Zammermin! So wie Peter Biletzky, möchte auch ich unseren Zusehern den Fall ins Gedächtnis zurückrufen. Es handelt sich um die beiden Jugendlichen Hänsel und Gretel, die in den Wald gingen und nicht mehr zurückkehrten. Nach unserer Sendung meldete sich ein Radfahrer, der die beiden gesehen hatte. Sie waren unterwegs zu einem Lebzelthaus, welches von einer bekannten Lebzeltfirma gebaut und zu Werbezwecken im Walde aufgestellt worden war. Niemand wußte, daß sich in dem Haus eine polizeibekannte Kindesmörderin befand, welche die Lebzelthütte als Versteck benutzte. Bevor sie die beiden Kinder töten konnte, gelang es dem kleinen Mädchen, die Frau in den Backofen zu stoßen, wo sie bis zur Unkenntlichkeit verbrannte. Die Kinder, die einen gewaltigen Schock erlitten, befinden sich in psychiatrischer Behandlung.«

»Danke, Gerhard Blümli. Wir kommen zu den heutigen Fällen. Immer wieder gibt es Kinder, wie das Beispiel Hänsel und Gretel zeigt, die in den Wald gehen, sich verirren und dann Sittlichkeitsverbrechern oder Kindesmördern in die Hände fallen. Gewarnt werden soll auch vor dem sogenannten Autostoppen. Wir zeigen das in unserem ersten Film.«

Film. Wohnzimmer mit Fernsehapparat. Mutter gibt Rotkäppchen, einem kleinen Mädchen mit einem roten Käppchen auf dem blonden Haar, einen Korb mit Kuchen und Wein und spricht: »Bring das deiner Großmutter. Sie ist krank und schwach und wird ihre Freude daran haben. Geh schön brav auf der Hauptstraße, komm' nicht vom Wege ab und benütze keine Abkürzungen.«

»Schon gut, Mutti! Tschüß!« Rotkäppchen geht.

Straße. Rotkäppchen versucht, durch Autostopp an sein Ziel zu kommen. Nachdem einige Wagen vorübergefahren sind, hält ein blauer VW. Ein lüstern dreinblickender Mann mit einem wolfsähnlichen Gesicht läßt das Fenster herunter. »Wo willst du denn hin?« fragt er freundlich.

»Zu meiner Großmutter. Nehmen Sie mich mit?«

»Wo wohnt denn deine Großmutter?«

»Am Ende des Waldes.«

»Steig ein!« Rotkäppchen steigt ein. »Mein Name ist Wolf«, sagt der Autofahrer, »und du bist wahrscheinlich das Rotkäppchen. Ich habe schon von dir gehört. Willst du mir nicht genauer sagen, wo deine Großmutter wohnt?«

»Dornröschenstraße, Ecke Frau-Holle-Platz. Sie hat dort eine Eigentumswohnung. Aber lassen Sie mich aussteigen, bitte.«

»Wir sind doch noch gar nicht dort?«

»Das macht nichts«, sagt die Kleine, welche bemerkt, daß Herr Wolf an ihr herumzugrapschen versucht. »Ich gehe durch den Wald und pflücke für Großmutter einen Blumenstrauß.«

»Na, dann geh!« brummt Herr Wolf und läßt sie ausstei-

gen. Im selben Moment kommt ein anderer Herr vorüber.
»Guten Tag, Herr Jäger!« grüßt Rotkäppchen freundlich.
»Guten Tag, Rotkäppchen! Wohin gehst du denn? Wohl zu deiner Großmutter?«
»Ja«, antwortet Rotkäppchen. »Das ist Herr Wolf. Er war so freundlich, mich mitzunehmen.«
Herr Wolf versteckt sein Gesicht und fährt los.
»Na, mach's gut!« sagt Herr Jäger.
»Okay«, antwortet Rotkäppchen. »Tschüß!« Es geht in den Wald.
Herr Jäger blickt nachdenklich vor sich hin. »Wolf, Wolf«, murmelt er. »Der Name kommt mir bekannt vor.«
Wohnzimmer bei Rotkäppchens Eltern. »Ich verstehe das nicht«, meint die Mutter besorgt. »Rotkäppchen müßte schon seit zwei Stunden zurück sein. Hoffentlich ist dem Kind nichts zugestoßen.«
»Warum rufst du nicht bei deiner Mutter an?« fragt der Vater.
»Weil sie kein Telefon hat«, erwidert die Mutter.
»Ich werde die Polizei verständigen.« Der Vater hebt den Hörer ab und wählt die Nummer.
Polizeiwachtzimmer. Zwei Beamte, einer führt eben das Gespräch mit dem Vater. »Ja«, sagt er. »Sie können sich auf uns verlassen. Wir werden die Nachforschungen sofort aufnehmen.« Er legt auf. »Hör mal«, sagt er zu seinem Kollegen, »da kam eben ein Anruf wegen eines verschwundenen kleinen Mädchens.«
»Schon wieder?« fragt der andere.
»Ja, und es scheint, als ob einmal mehr dieser Wolf die Hand im Spiele hätte.«

Straße. Herr Jäger steht noch immer dort, wo Rotkäppchen ihn verlassen hat und murmelt vor sich hin: »Wolf ... Wolf ... wo habe ich den Namen nur schon gehört?« Der Film ist aus. Zammermin: »Herr Jäger, der sich nach Bekanntgabe des Verschwindens des kleinen Mädchens sofort zur Polizei begab, scheint der letzte zu sein, der Rotkäppchen lebend gesehen hat. Herr Hauptkommissar Reineke von der Kripo in Zauberburg, der die Untersuchung im Fall Rotkäppchen führt, wird nun ein paar Fragen an Sie, verehrte Zuseher, richten, deren Beantwortung die Polizei vielleicht ein Stück weiterbringen könnte.«

Hauptkommissar Reineke von der Kripo in Zauberburg: »Danke, Herr Zammermin. Unsere Fahndung, meine Damen und Herren, stützt sich vorderhand nur auf *eine* Spur. Es ist uns bekannt, daß es sich bei dem blauen VW, in dem das Mädchen mitgenommen wurde, um ein gestohlenes Fahrzeug handelt. In seinem Innern fanden wir diese Stecknadel.« Eine Stecknadel, stark vergrößert, wird eingeblendet. »Wir bitten nun jeden, der diese Stecknadel seit dem 10. Mai, dem Tag des Verschwindens des Mädchens, vermißt oder der sie nach dem 10. Mai irgendwo gesehen hat, sich zu melden. Es könnte uns ein erhebliches Stück weiterführen. Diskretion wird zugesichert. Auch scheint es nicht sicher zu sein, daß Herr Jäger der letzte war, der das Mädchen an jenem Tag gesehen hat. Es könnte sehr gut noch einige andere Zeugen geben, die Rotkäppchen beim Verlassen des Waldes gesehen haben. Für Angaben, welche zur Ermittlung des Täters führen, wurde eine Belohnung von insgesamt zweihundert Dukaten ausgesetzt. Danke, Herr Zammermin.«

»Danke, Herr Hauptkommissar. Ich werde nun nachfragen, wie es in unseren Studios steht. Peter Biletzky, Riesenheim.«

»Bei uns ist es verhältnismäßig ruhig. Wir haben zwar einen Hinweis bekommen, der aber natürlich erst ausgewertet werden muß. Die Polizei mißt ihm keine große Bedeutung bei. Es handelt sich um einen Psychopathen, einen Schneider, der seit Jahren behauptet, sieben auf einen Schlag erlegt zu haben. Er wird zur Zeit noch verhört.«

»Danke, Peter Biletzky. Gerhard Blümli? Wie sieht es in Koboldsburg aus?«

»Es gab einige interessante Hinweise, aber keiner von ihnen deutet auf eine wichtige Spur hin. Einem einzigen will die Kantonspolizei nachgehen. Er stammt von einem Mann, der seinen Namen nicht nennen will und der keine Ahnung hat, daß es der Polizei längst bekannt ist, daß er Rumpelstilzchen heißt.«

»Danke, Herr Blümli. Wie sieht es bei uns aus, Irene Bampfinger?«

»Bei uns gab es eine heiße Spur, die zur vollständigen Klärung des Falles führte. Noch während der Film lief, rief ein Herr an, ein gewisser Hans Imglück, der sich eben bei einer ihm bekannten Hausbesitzerin befand, um einen Klumpen Gold gegen eine Altbauwohnung zu tauschen. Dabei berichtete ihm die Frau, daß aus der Wohnung ihrer Nachbarin ein eigenartiges Stöhnen zu vernehmen sei.

Wir verständigten die Kripo, die im Bett der Nachbarin einen Mann fand, der über furchtbare Leibschmerzen klagte. Er gab an, Wolf zu heißen, der Name dürfte aber falsch sein, sein richtiger Name dürfte Isegrim lauten. Er

wurde mit einem Krankenwagen in die nächste Klinik gebracht, wo man ihn sofort operierte. Kaum hatte man ihm den Bauch aufgeschnitten, als ein Mädchen sowie eine alte Dame heraussprangen. Bald stellte es sich heraus, daß es sich um das verschwundene Rotkäppchen und seine Großmutter handelte. Beide Frauen sind unverletzt. Die Eltern des Mädchens wurden sofort verständigt. Auf die Frage der Polizei, warum sie nicht selbst bei der Großmutter nachgeforscht hätten, gab der Mann an, daß er mit seiner Schwiegermutter schon seit langem kein Wort spreche, während die Mutter, von der sich herausstellte, daß sie eigentlich die Stiefmutter Rotkäppchens ist, gestand, daß sie mit dem vermeintlichen Wolf alias Isegrim unter einer Decke stecke und ihm das Mädchen verkauft habe. Bei Durchsuchung der Wohnung fand die Polizei nebst verschiedenem Diebsgut auch ein Kilogramm Heroin im Wert von einer Million Dukaten. Vater, Mutter und Isegrim wurden dem Kreisgericht überstellt.«
»Danke, Irene Bampfinger. So ist auch dieser schwierige Fall gelöst. Wir gehen weiter zum nächsten …

Wir, liebe Leserinnen und Leser, gehen nicht mit. Wozu in die Ferne schweifen – wir haben unsere eigenen Verbrecher. Ich habe gehört, daß die Polizei befürchtet, daß man in den Banken bald nur noch Menschen mit Strumpfhosen über den Gesichtern sehen wird.

Die Freundschaft eines Mannes leidet oft durch seine Ehe – aber ebenso oft leidet die Ehe eines Mannes durch seine Freundschaft.

Quartett

Sie waren ein Quartett. Zwei Ehepaare. Direktor Fritz Mallwitz, Erni, seine Frau, Dr. Kurt Feldmann und Helga, Feldmanns Frau. Die vier hatten sich vor zwei Jahren bei einer Foto-Safari in Kenia kennengelernt. Sie fanden Gefallen aneinander, im darauffolgenden Winter trafen sie sich öfter, spielten Bridge, bald bei dem, bald bei jenem, gingen in Konzerte, in die Oper, besuchten Bälle, kurz, es entwickelte sich ein richtiges freundschaftliches Verhältnis. Im Sommer machten sie eine Kreuzfahrt, und den heurigen Urlaub beschlossen sie in den Bergen zu verbringen. Sie wählten dafür einen kleinen Ort in Tirol.

Es war ein herrlicher Tag. Die Sonne lachte vom Himmel, die Vöglein tirilierten, und die Touristen kauften Filme für ihre Kameras. Ein Tourist vergißt zu Hause viele Dinge, die er mitnehmen wollte, aber niemals die Kamera.

»Kommen Sie am Abend zum Sommerfest?« erkundigte sich Mallwitz bei Dr. Feldmann.

»Wenn Sie und die gnädige Frau kommen?« antwortete Feldmann.

»Ich denke schon. Was meinst du, Erni?«

»Gehen *Sie,* Frau Helga?« fragte Erni.

»Auf alle Fälle. Nicht wahr, Kurt? Man muß doch froh sein, wenn etwas los ist in diesem Kaff.«

»Dann gehen wir auch. Beginn acht Uhr«, las Erni vom Plakat. »Das heißt, Essen um sieben, umziehen um sechs – was machen wir bis dahin?«

»Wie wäre es mit einem kleinen Waldspaziergang?« schlug Dr. Feldmann vor. »Was meinen Sie, gnädige Frau?«

»Ich bin dafür. Du doch auch, Fritz?«

RANG

»Selbstverständlich. Ein bißchen Bewegung kann uns nicht schaden. Kommen Sie, gnädige Frau«, wendete er sich an Helga. Die vier zogen los. Sie schlugen den Weg in den Wald ein. Die Damen in Sommerkleidung, die Herren in T-Shirts und Shorts, alle vier in Halbschuhen. Plötzlich schlug das Wetter um. Die Sonne verfinsterte sich, schwarze Wolken zogen auf, es wurde kühl. »Kehren wir lieber um«, meinte Erni besorgt.
»Das wäre das Dümmste, was wir tun könnten«, sagte Mallwitz. »Irgendwo in der Nähe ist eine kleine Hütte. Dort können wir das Wetter abwarten, falls überhaupt eines kommt. Ich glaube, daß das nur Mittagswölkchen sind, und der Weg zum Hotel zurück ist bestimmt weiter als der zur Hütte.«
Sie stiegen höher, von einer Hütte war weit und breit nichts zu sehen. »Wir sollten zurückgehen«, sagte jetzt auch Helga. Da fielen bereits die ersten Tropfen, denen ein Regen folgte, wie ihn die vier noch nicht erlebt hatten. Erni geriet in Panik. »Laufen wir hinunter!« rief sie ängstlich.
»Unsinn«, sagte ihr Gatte. »Stellen wir uns unter die Bäume, und warten wir den Regen ab.«
»Und wenn ein Blitz einschlägt?«
»Blitz gibt es keinen. Es ist doch nur ein Regen und kein Gewitter.« Schon zuckte der erste Blitz auf. Ein heftiger Donner folgte. »Vielleicht habt ihr recht«, änderte Mallwitz seine Meinung. »Gehen wir hinunter.« Zu spät. Der Regen verstärkte sich, es begann zu hageln. Die Schlossen waren so groß wie Taubeneier. Dichter Nebel stieg auf. Die vier kamen vom Weg ab. Erni begann zu weinen.
»Ich kann nicht mehr«, stöhnte Dr. Feldmann. »Mein Herz. Ich bin solche Strapazen nicht gewöhnt.«

»Reißen Sie sich zusammen, Doktor«, munterte Mallwitz ihn auf. »Ich glaube, das Gewitter läßt bereits nach.« Blitz. Irgendwo schlug es ein. Starker Donner. Aus den Taubeneiern wurden Hühnereier.

»Lieber Gott«, betete Erni, »rette uns! Mach', daß wir heil hinunterkommen!« Ein Blitz folgte, der alles ringsum beleuchtete.

»Dort ist die Hütte!« rief Mallwitz. »Kommt schnell! Es sind nur ein paar Schritte!«

Die vier eilten den Weg hinauf, wo die Hütte stand. Sie war nicht komfortabel eingerichtet – ein Tisch, zwei Stühle, eine Bank – aber es schien ihnen, als ob sie sich im Prunksaal eines Schlosses befänden.

»Wenn ich denke«, sagte Mallwitz und klopfte wie auch die andern drei mit den Händen den Regen von der Brust, »daß ich Sie vor einer Stunde noch fragte, ob Sie zum Sommerfest kommen? Wer hätte da gedacht, daß wir uns bald darauf in einer solchen Gefahr befinden würden.«

»Es war höchste Zeit«, keuchte Dr. Feldmann. »Ich hätte nicht länger durchgehalten. Sie müssen wissen, ich habe zwei Herzinfarkte hinter mir.«

Aus der anderen Richtung kam ein zweites Gewitter. Das Wetter wurde zum Unwetter. Der Sturm rüttelte an der Hütte, als ob er sie forttragen wollte. Blitz auf Blitz zuckte am Himmel auf, der Donner wurde immer drohender.

»Wenn das so weitergeht«, sagte Mallwitz, dem es jetzt auch unheimlich wurde, »kommen wir hier nicht lebend heraus. Die Hütte scheint nicht standzuhalten.«

Feldmann wurde blaß. »Sie meinen –?« fragte er.

»Leg' dich hin, Kurt!« rief Erni aufgeregt. »Hier – auf die Bank!«

Mallwitz stutzte. »›Dich‹?« wiederholte er verwundert. »Und ›Kurt‹?« staunte auch Frau Helga. »Sie haben doch zu meinem Mann immer ›Herr Doktor‹ gesagt?« Erni biß sich auf die Lippen.

»Ich glaube«, meinte Mallwitz, »daß du uns eine Erklärung schuldig bist.«

»Gut«, sagte Erni entschlossen. »Da wir nicht wissen, was uns hier zustößt und ich mit keiner Lüge auf den Lippen ins Jenseits gehen will, will ich es euch sagen. Kurt und ich lieben uns. Wir können nichts dafür. Wir haben lange dagegen angekämpft, aber unsere Gefühle waren stärker als wir.«

»Das ist ja eine schöne Überraschung«, meinte Helga. Der Blitz fuhr in eine Eiche, die knapp neben der Hütte stand. Krachend fiel der Baum zu Boden. Wäre er auf das Dach gefallen, hätte er die vier erschlagen.

»Ogottogottogott«, stöhnte Feldmann.

»Wie lange geht das schon so?« fragte Mallwitz seine Frau, nachdem sie sich von dem Schrecken erholt hatten.

»Seit einem Jahr«, antwortete Erni kleinlaut.

»So lange schon?« Helga zitterte vor Wut. »Seit einem Jahr betrügt ihr uns?« Und dann, zu Mallwitz gewendet: »Was sagst du dazu, Fritz?«

Jetzt war es Erni, die staunte. »Ihr sagt euch auch ›du‹? Und ›Fritz‹? Sie haben doch zu meinem Mann immer ›Herr Direktor‹ gesagt?«

Feldmann setzte sich halb auf. »Das ist doch nicht möglich«, stammelte er.

»Warum nicht?« fragte Mallwitz. »Was Sie und meine Frau können, können wir auch.«

»Ihr habt uns also betrogen!« stellte Erni empört fest.

»So wie ihr uns.«

»Seit wann.«
»Ebenfalls seit einem Jahr. Ihr seht, wir haben einander nichts vorzuwerfen.« Wieder ein Blitz, der Donner rollte, der Sturm heulte, wie sie es noch nie gehört hatten.
»Und das vor meinem Tod!« weinte Erni.
»Um sich brauchen Sie nicht zu weinen«, sagte Helga.
»Ihr Leben ist nicht so kostbar.«
Erni warf ihr einen verächtlichen Blick zu. »Sie haben sich ja schön verstellt. Ich wäre nie dahintergekommen.«
»Ich war eben nicht umsonst beim Film.«
»Beim Film!« höhnte Erni. »Eine Komparsin waren Sie, und das auch nur, weil Sie mit dem Aufnahmeleiter geschlafen haben.«
»Halten Sie den Mund, Sie dumme Person!«
»Was?« empörte sich Erni. »Hast du gehört, Kurt? Deine Frau nennt mich eine dumme Person!«
»Laßt mich aus dem Spiel«, ächzte Feldmann. »Mein Herz hält diese Aufregung nicht aus.«
»Also ich«, meinte Mallwitz, »würde meine Geliebte nicht so beleidigen lassen.«
»So war er immer«, sagte Helga. »Ein Feigling.«
»Feigling? Sie nennt dich einen Feigling! Sag doch was, Kurt!«
»Ich kann nicht«, weinte Feldmann.
»Sie bringen ihn um!« schrie Erni Helga ins Gesicht. »Da wir aber alle hier sterben werden, werden Sie nichts erben. Sie haben ihn ja doch nur seines Geldes wegen geheiratet.«
»Seines Geldes wegen?« lachte Helga spöttisch, wenn ihr auch nicht zum Lachen zumute war. »Was habe ich denn schon von seinem Geld? Ich habe keinen eigenen Wagen, ich habe keine Zweitwohnung ...«

»Und unsere Kinder?« flüsterte Kurt schwach.
»Wenn ich mich auf dich verlassen hätte, hätte ich die auch nicht.« Der Sturm riß die Tür auf. Mallwitz stemmte sich mit aller Kraft dagegen und drückte sie wieder zu.
»Unsere Kinder sind nicht von mir?« Feldmann richtete sich auf, fiel aber wieder zurück.
»Nein«, sagte Helga kalt. »Jetzt, wo wir sterben werden, kann ich es dir ja sagen.«
»Reg' dich nicht auf, Kurt!« flehte Erni. »Du weißt, daß du das nicht darfst! Sie ist es nicht wert!«
»Das sagen *Sie*?« schrie Helga. »Sie Lügnerin! Wenn wir schon von Kindern reden – Ihr Mann hat Sie doch nur geheiratet, weil Sie ihm eingeredet haben, daß Sie eines bekommen!«
»Das hat er Ihnen erzählt?« brauste Erni auf.
»Ja«, triumphierte Helga. »Das hat er mir erzählt!«
»Schuft!« fuhr Erni ihren Mann an. Dann lachte sie hysterisch. »Einen schönen Tausch hättest du gemacht! Jünger als ich, wie du immer gedacht hast, ist sie auch nicht! Sie ist keine fünfunddreißig, wie sie immer betont, sondern vierzig vorüber! Und schon lange vorüber! Ich habe beim Hotelportier ihren Paß gesehen!«
»Sie gemeine Person!« tobte Helga. »Wie kommen Sie dazu, in meinem Paß herumzuschnüffeln? Sie billiges Nuttchen! Da haben Sie!«
Sie gab Erni eine Ohrfeige. Erni schlug zurück. Die beiden lagen sich in den Haaren, sie schlugen sich, wälzten sich auf dem Boden herum. Während Feldmann jammerte, versuchte Mallwitz, die beiden auseinanderzureißen.
»Hört doch auf!« rief er. Der Sturm begann das Dach auf einer Seite zu lösen. »Jetzt ist doch schon alles egal! Müssen wir noch streiten, bevor wir sterben?«

Erni gab ihm einen Stoß, daß er gegen die Bank flog, auf welcher Feldmann lag. Feldmann fiel auf den Boden. »Faß mich nicht an, du Ehebrecher!« schrie sie und biß ihn in die Hand. »Au!« heulte Mallwitz auf und wütete: »Ehebrecher? Was bist denn dann *du*?« Er stieß sie gegen die Wand.
»Recht so!« rief Helga.
Erni richtete sich stolz auf. »Komm!« sagte sie zu Feldmann. »Wir gehen.« Blitz, Donner, wieder fiel ein Baum um. Diesmal streifte er die Hütte.
»Ich kann nicht«, jeierte Feldmann. »Laß mich liegend sterben.«
»Ruhe!« befahl Mallwitz plötzlich. »Ich höre Stimmen.« Alle horchten auf.
»Hallo!« hörten sie von weitem rufen. »Herr Direktor Mallwitz! Herr Doktor Feldmann! Wo sind Sie?«
Mallwitz öffnete die Tür. »Wir sind hier!« rief er. »In der Hütte!«
»Wir kommen!« tönte es, bereits etwas näher, zurück.
»Es ist der Wirt«, sagte Mallwitz. »Wir sind gerettet. Wahrscheinlich bringt er Mäntel und Schirme. Das Wetter läßt übrigens auch schon nach.« Der Donner war nur noch aus weiter Ferne vernehmbar, es hörte plötzlich auf zu regnen.
Dr. Feldmann erhob sich. »Gott sei Dank!« sagte er.
Einen kurzen Augenblick war es still. Die vier dachten über ihre Lage nach. Mallwitz war der erste, der sich faßte.
»Kommen Sie am Abend zum Sommerfest?« fragte er Feldmann freundlich.
»Wenn Sie und die gnädige Frau kommen?« antwortete Feldmann.

Es gibt nur etwas im Leben, das schöner ist als einen Freund zu haben, dem wir vertrauen können – und das ist ein Freund, der *uns* vertraut.

Mit vier und mit vierzehn Jahren sind Kinder auf ihrem geistigen Höhepunkt. Mit vier wissen sie alle Fragen – mit vierzehn alle Antworten, mit Ausnahme jener, die sie in der Schule geben sollten, was natürlich seine Folgen hat. Mein Schwager Goldmann und seine Frau Hermine wissen ein Lied davon zu singen, denn

Ladi nimmt Nachhilfestunden

»Ich werde Ihnen meinen Sohn schicken«, sagte mein Schwager Walter Goldmann zu dem ihm gegenüber sitzenden jungen Mann.
»Darf ich inzwischen telefonieren?«
»Selbstverständlich«, meinte Goldmann und ging.
Sein Sohn, den er schicken wollte, war mein Neffe Ladi, damals sieben. Ladi war kein guter Schüler. Das heißt, die Lehrer waren sich darüber nicht einig. Sie wußten nicht, ob er die falschen Antworten auf ihre Fragen aus Unwissenheit gab oder aus Frechheit. Sein Vater neigte zu der letzteren Annahme. Sagte der Lehrer zum Beispiel: »Nennt mir männliche Vornamen, die sich auch ins Weibliche übertragen lassen wie Paul – Pauline!«, und sagte der kleine Müller: »Josef – Josefine!«, der kleine Meier: »Friedrich – Friederike!«, so sagte Ladi: »Kurt – Kurtisane.« Noch schlimmer als um seine Antworten stand es um seine Fragen. So fragte er den Lehrer, was die Motten gefressen haben, bevor Adam und Eva Kleider trugen. Oder, wenn ein Eisbär nach Afrika fährt, ob er dort schmilzt. Oder wie die kleinen Kinder zur Welt kommen. »Das werde ich dir ein andermal erzählen«, versuchte der Lehrer ihn abzuwimmeln. »Das ist eine lange Geschichte.« Drauf sagte Ladi: »Dann erzählen Sie mir wenigstens den Anfang.« Ladi, darüber war man sich einig, mußte Nachhilfestunden bekommen. Wenn nicht wegen seines Nichtwissens, dann wenigstens zur Strafe.
Das war vor einem Monat. Seither hatte Ladi zwei Lehrer verbraucht. Der erste wurde in eine psychiatrische Klinik eingeliefert. Der zweite sitzt wegen Morddrohung gegen ein siebenjähriges Kind in U-Haft. Nun kam der dritte an die Reihe. Es war der junge Mann, mit dem

Ladis Vater eben gesprochen hatte. Er war Student für Germanistik.

»Edith?« sprach er eben ins Telefon. »Ich bin hier. Mit dem Vater habe ich bereits gesprochen. Der Junge scheint ein richtiger Lausbub zu sein. Genau der Typ, den ich, wie du weißt, nicht ausstehen kann. Über die Lehrer macht er sich lustig, den Eltern folgt er nicht – ein ausgesprochener Bengel. Aber ich werde mit diesem Schlingel schon fertig werden. Ich hasse diese Brut. Der Vater ist natürlich ein Trottel, sonst würde er sich ja das nicht bieten lassen, und die Mutter scheint eine perfekte Eselin zu sein. Ich werde dir alles erzählen. Ich bin um sechs Uhr zu Hause. Du kannst dich darauf verlassen. Früher geht es leider nicht – punkt sechs bin ich bei dir.«

»Guten Tag«, sagte eine liebliche Kinderstimme. Der junge Mann legte den Hörer auf. »Bist du der brave Ladi?« fragte er freundlich.

»Ja«, sagte Ladi artig.

»Dann setz' dich zu mir«, setzte der junge Mann fort. »Du weißt ja, weshalb ich hier bin. Ich soll dir Nachhilfeunterricht erteilen. Wir wollen aber nicht gleich mit dem Lernen anfangen. Wir wollen uns erst vertraut miteinander machen. Übrigens – ich habe dir etwas mitgebracht.« Er nahm eine Marke aus der Brieftasche. »Da hast du. Eine seltene Briefmarke. Du sammelst doch Briefmarken?«

»Ja«, sagte Ladi höflich.

»Und wieviele hast du schon?« fragte der junge Mann lächelnd.

Drauf Ladi: »Mit der, die Sie mir eben gegeben haben, habe ich eine.« Der junge Mann schluckte.

»Paß auf«, sagte er noch immer freundlich, »ich werde

dir jetzt eine Geschichte erzählen, aus der du ersehen kannst, wie wichtig es für ein Kind ist, daß es in der Jugend brav und fleißig lernt.« Er begann zu erzählen: »In New York gab es einen Multimillionär, der, als er sich an seinem sechzigsten Geburtstag ins Privatleben zurückzog und alle seine Besitztümer verkaufte, von einem Reporter interviewt wurde. ›Wie‹, erkundigte sich der Reporter, ›haben Sie es angestellt, zu diesem Reichtum zu kommen?‹ Drauf antwortete der Millionär: ›Ich war aus einem armen Haus und hatte oft kaum etwas zu essen. Mir ging es elend bis zu meinem fünfundzwanzigsten Lebensjahr. Eines Abends, ich hatte wieder einmal einen leeren Magen, es war bitter kalt, ich fror, ich hatte ja nicht einmal einen Mantel anzuziehen – da wollte es der Zufall, daß ich an einem großen Hotel vorüberkam. Es war hell beleuchtet, Menschen gingen ein und aus, immer neue Wagen brachten immer neue Gäste – ich fühlte unwillkürlich, daß man mir hier etwas zu essen geben wird. Ich trat zaghaft ein, ein Mann kam hinter einem Pult hervor und wollte mich abweisen, als der Direktor des Hotels erschien. Ich erzählte ihm, daß ich seit Monaten keine Arbeit habe, daß ich hungrig bin, und das schien ihn zu rühren. Was ich ihm nicht sagte, war, daß ich als Kind in der Schule faul gewesen war und nicht lernen wollte. Er sagte: ›Kommen Sie mit mir!‹ und führte mich in die Küche. Dort gab man mir zu essen, und der Direktor sagte: ›Ich möchte Ihnen gern einen Job geben, ich habe einen kleinen Jungen zu Hause, der Nachhilfeunterricht braucht. Könnten Sie das übernehmen?‹ Ich mußte ihn enttäuschen. Ich hatte ja nichts gelernt. Ich schien ihm aber sympathisch zu sein, und so sagte er: ›Wir haben heute zu viele Äpfel geliefert bekommen, so

daß sie verfaulen würden, wenn wir nichts damit anfingen. Ich werde Ihnen zwei große Körbe mit Äpfeln geben, vielleicht können Sie sie verkaufen.‹ Er brachte mir zwei Körbe mit den schönsten Äpfeln, die ich je gesehen hatte. Ich nahm einen Tisch von zu Hause, stellte mich an die Ecke und bot meine Äpfel an. Natürlich billiger, als sie in den umliegenden Geschäften waren. In kaum einer Stunde waren sie weg. Mit dem Geld, das ich eingenommen hatte, kaufte ich neue Äpfel, verkaufte sie wieder, kaufte wieder neue und wieder neue und wieder neue. Dann nahm ich Birnen und Bananen dazu. Auch sie gingen weg. Ich baute mir einen Obststand, der bald zu klein wurde. Also mietete ich einen Laden, nahm zu dem Obst Gemüse und Salate, später Konserven aller Arten, mußte vergrößern, nahm einen zweiten Laden, einen dritten, einen vierten, beteiligte mich an einem Supermarkt, arbeitete zwei Jahre, bezahlte meine Partner aus, kaufte einen zweiten Supermarkt, einen dritten, einen vierten und hatte nach einiger Zeit eine ganze Supermarktkette.‹ Jetzt frage ich dich, Ladi: Was wäre dieser Mann erst geworden, wenn er in seiner Jugend etwas gelernt hätte?«
Drauf sagte Ladi, ohne zu zögern: »Hauslehrer bei einem richtigen Lausbuben, einem Bengel, einem Schlingel, einer Brut, dessen Vater ein Trottel und dessen Mutter eine perfekte Eselin ist.«
Er hatte das Telefongespräch mitangehört.
Der junge Mann war *vor* sechs Uhr zu Hause.

Es wundert mich nicht, daß die heutigen Kinder nichts lernen wollen. Nicht einmal lesen. Warum sollten sie? Schauen Sie sich einmal die Überschriften in den Zeitungen an.

Computer sind Geräte, die alle Probleme lösen können, bis auf das Arbeitslosenproblem, das sie mit sich bringen. Ein Glück ist es nur, daß auch sie Fehler machen und daß man Menschen braucht, die diese Fehler beheben. Trotzdem rufe ich:

Hilfe! Computer!

Ich spiele Schach. Ich spiele schlecht Schach. Wenn es eine Weltmeisterschaft in schlechtem Schachspiel gäbe, hätte ich die Wohnung voller Pokale. Auch meine Frau spielt Schach. Meine Frau spielt gut Schach – und doch. Zu einer Weltmeisterschaft reicht es nicht, und Pokale hat sie auch keine. Früher, in der Vorcomputerzeit, spielten wir manche Partie miteinander, als aber die Schachcomputer aufkamen, kaufte sie mir einen solchen. Einen sprechenden. Er sagt zum Beispiel: »Falsch! Rössel zurückziehen! Falsch. Zug nicht erlaubt! Falsch! Bauer darf nicht springen!« Ich frage mich: Warum nicht? Der Schachcomputer kommt aus den USA, also aus einem freien Land, warum darf der Bauer nicht springen? Bei uns darf der Bauer alles. Er darf springen, er darf tanzen, er darf Schach spielen. Und mit Recht.

Aber die Technik überrollt uns. Bald hatten wir nicht nur den sprechenden Schachcomputer, wir hatten eine sprechende Geschirrspülmaschine, einen sprechenden Videorecorder – in unserem Haus konnte alles sprechen, außer unserem Papagei. Natürlich hatte ich auch eine sprechende Schreibmaschine, ein sprechendes Telefonnummernverzeichnis, einen sprechenden Anrufbeantworter sowie einen Kugelschreiber mit einer Digitaluhr, die auf Knopfdruck sagt, um welche Zeit man ihn verloren hat. Es ist eine herrliche Welt!

Meine Frau hatte ein Gastspiel in Deutschland. Als sie wegfuhr, war ich nicht zu Hause, also sprach sie in das Pocketmemo. (Das haben wir natürlich auch): »Ich fahre jetzt fort. Laß es dir gut gehen, vergiß nicht Laura und Jacky zu füttern (Laura ist unser Papagei, Jacky unser Kater), und wenn du morgen im Verlag bist, laß dich nicht übers Ohr hauen, du bist ja schließlich kein Trottel, Trottel, Trottel, Trottel«, wiederholte das Pocketmemo ohne aufzuhören. Was konnte da los sein? Die Batterie, das wußte ich, war längst ausgebrannt, ich vergaß immer, eine neue zu kaufen, also hatte ich das Pocketmemo an das Netz angeschlossen. Ich ging zum Steckkontakt, zog das Kabel heraus, aber in dem Gewirr von Kabeln konnte ich mich nicht zurechtfinden. Was tun? Ich zog *alle* Kabel heraus, steckte sie wieder hinein, anscheinend falsch, denn plötzlich begann es überall zu sprechen.

»Spülgang 1 einschalten!« sagte die Spülmaschine, »Enteisen!« befahl der Kühlschrank, »Trottel!« rief das Pocketmemo dazwischen, »Bauer darf nicht springen!« warnte der Schachcomputer, »Farbband einspannen!« die Schreibmaschine, »Trottel!« das Pocketmemo, »Spülgang 2 einschalten!« die Spülmaschine, »Enteisen!« der Kühlschrank, »Trottel!« das Pocketmemo, »Falsch!« der Schachcomputer, »Farbband reißt!« die Schreibmaschine, »Es wird mit dem Summerton fünf Uhr!« mischte sich die Wanduhr ein, »Trottel!« sagte das Pocketmemo, »Summ!« machte die Uhr, »Heizung abstellen!« rief die Heizung, »Sie sprechen mit dem telefonischen Beantworter!« sagte der Beantworter plötzlich. »56 56 51!« sagte das Nummernverzeichnis, »Trottel!« rief das Pocketmemo – ich verlor die Nerven und lief zum Fenster, um mich hinunterzustürzen.

»Unteren Riegel aufwärts-, oberen Riegel abwärtsschieben!« sagte das Fenster. »Falsch!« rief der Schachcomputer, »Trottel!« das Pocketmemo, »Es ist niemand zu Hause, hinterlassen Sie Ihre Nummer!« der Beantworter, »Spülgang 3 einschalten!« mengte sich die Spülmaschine ein, »Heizung abstellen, falscher Zug, Farbband gerissen!« riefen alle durcheinander. Das Fenster ließ sich nicht öffnen. »Falsch!« sagte es. »Oberen Riegel abwärtsschieben!« Ich sah rot, nahm einen Briefbeschwerer und warf ihn durch die Fensterscheibe. »Au!« rief der Briefbeschwerer und fiel einem vorübergehenden Fußgänger auf den Kopf. Der Fußgänger sagte nichts, aber sein Hut schrie empört hinauf: »Können Sie nicht aufpassen?«

Keine Aufregung. Die Geschichte ist erfunden, könnte aber eines Tages Wahrheit werden. »Trottel!« sagt das Pocketmemo.

Vor Tagen las ich folgenden Kalenderspruch: »Spiele nicht, wenn du dir nicht leisten kannst zu verlieren.« Ein dummer Spruch. Wer es sich nicht leisten kann zu verlieren, braucht nicht zu spielen. Außer er ist ein

Spieler aus Leidenschaft

Fritz und Friederike waren verheiratet. Jung verheiratet. Beide waren Spieler. Spieler mit verschiedenen Grundsätzen. Friederike wagte nur einen kleinen Einsatz. Sobald sie diesen verdoppelt hatte, hörte sie auf. Fritz wagte einen großen Einsatz. Sobald er diesen verdoppelt hatte, fing er erst an. So lange, bis alles weg war.
Fritz und Friederike zählten ihr Geld. Sie hatten nicht viel zu zählen, sie besaßen zusammen zweihundert Schilling. »Das reicht nicht einmal für ein Abendessen im billigsten Restaurant«, sagte Fritz. »Gib mir das Geld.«
»Kommt nicht in Frage«, lehnte Friederike ab. »Ich weiß, daß du damit zum Pferderennen gehst.«
»Ich *muß* zum Pferderennen gehen«, versuchte Fritz ihr klarzumachen. »Wir haben noch fünf Tage bis Ultimo. Wovon sollen wir leben? Mit den zweihundert Schilling ist uns nicht gedient. Wenn ich sie aber verdrei- oder vervierfache, können wir uns bis zum Letzten über Wasser halten. Komm schon«, setzte er bittend hinzu. »Gib mir das Geld. Ich habe einen heißen Tip.«
»Heißen Tip«, maulte Friederike. »Das letztemal hattest du auch einen heißen Tip. Dann ist das Pferd so langsam gelaufen, daß sich der Jockey hätte eine Illustrierte mitnehmen können, damit er unterwegs etwas zu lesen hat.«
»Heute gewinne ich. Ich fühle es. Gib mir die zweihundert Schilling!« Friederike gab sie ihm.
In einer halben Stunde war Fritz am Rennplatz. Er hatte zwar keinen heißen Tip, aber er horchte herum. »›Tino‹«, hörte er einen Jockey zum andern sagen. »Ich habe alles auf ›Tino‹ gesetzt.«
»Ich auch«, sagte der zweite. »›Tino‹ hat zwar normalerweise keine Chance, aber wenn Schmiedl ihn reitet und wir die andern ein bißchen behindern, muß er es machen.

1000
100
RANG.

Ich glaube nicht, daß außer Schmiedl und uns jemand sein Geld auf ›Tino‹ riskieren wird.«
Fritz riskierte es. »Tino« war ein zweijähriger Hengst. Ein richtiger Außenseiter. Die Wetten standen zehn zu eins. Fritz setzte die zweihundert Schilling auf »Tino«. »Tino« gewann – Fritz auch. Er bekam für seine zweihundert Schilling zweitausend. »Geh nach Hause«, sagte ihm eine innere Stimme, aber Fritz blieb. Er horchte weiter herum.
»Hast du gesehen?« hörte er, wie ein Spieler zum andern sagte. »›Nesthäkchen‹ steht zwanzig zu eins. Da könnten wir aber unser Geld gleich in den Mülleimer werfen.«
»Da hast du recht«, sagte der zweite. »Was hältst du von ›Blue boy‹?«
»›Blue boy‹?« wiederholte der erste belustigt. »Wenn Pferde einen Sinn für Humor hätten, würde ›Blue boy‹ sich jetzt kranklachen. ›Blue boy‹ hat noch nie ein Rennen gewonnen.«
Fritz kannte die beiden. Sie gehörten zu jener Gruppe von Spielern, die immer verlor. Also setzte er »Nesthäkchen« auf Sieg, »Blue boy« auf Platz und beide als Einlaufwette. Das heißt, daß die beiden Pferde als erste durch das Ziel gehen müßten. Sie gingen durch das Ziel. »Nesthäkchen« als erstes, »Blue boy« als zweites. Fritz gewann den ersten und den zweiten Sieger sowie die Einlaufwette. Er gewann vierhundertachtzigtausend Schilling. Glücklich stopfte er sich die Banknoten in die Taschen seines Sakkos.
»Geh nach Haus!« mahnte die innere Stimme wieder.
»Ich gehe schon«, sagte Fritz. Er ging – aber nicht nach Haus. Er fuhr ins Spielcasino nach Baden. Dort legte er zwanzigtausend Schilling auf Rot. Rot kam, und Fritz

bekam zu seinen zwanzigtausend Schilling weitere zwanzigtausend. Die zwanzigtausend ließ er liegen, setzte zwanzigtausend auf Pair und zwanzigtausend auf Passe. Rot, Pair und Passe kamen – Fritz bekam sechzigtausend Schilling.
»Geh nach Hause«, sagte die innere Stimme, die ihm nach Baden gefolgt war.
»Sofort«, antwortete Fritz. »Nur noch *ein* Spiel!« Er setzte die Ziffer zweiunddreißig mit allen Chancen, die es gab. »Rien ne va plus!« sagte der Croupier. Die Kugel rollte und rollte – und rollte auf zweiunddreißig. Fritz kassierte rund eine Million.
»Geh jetzt!« befahl die innere Stimme streng.
»Ich gehe schon«, murrte Fritz. Er ging, kam an einem Tisch vorbei, an dem man Baccarat spielte, setzte sich und übernahm die Bank. Er gewann und gewann, immer mehr Menschen standen hinter ihm, die sein Glück nicht fassen konnten, einer erzählte es dem andern, alle kamen, drängten und stießen, Fritz gewann wieder und wieder und hatte nach einer Stunde eine Summe beisammen, wie er sie niemals im Leben besessen hatte. Fünf Millionen!
Die innere Stimme verlegte sich aufs Bitten. »Geh jetzt!« flehte sie. »Es ist höchste Zeit!«
»Laß mich!« muckte Fritz auf. »Gut hätte ich ausgesehen, wenn ich deinen Rat gleich aufs erste Mal befolgt hätte!« Die Stimme schwieg. Plötzlich schlug es um. Fritz verlor und verlor, und nach einer Stunde war alles weg. Die ganzen fünf Millionen. Nicht einmal so viel war ihm geblieben, daß er mit dem Bus hätte nach Hause fahren können. Zum Glück fand er einen Bekannten, der ihn im Wagen mitnahm.

»Na?« fragte Friederike gespannt, als er eintrat. »Wie war's?«
»Wie immer«, sagte Fritz.
»Verloren?«
Fritz nickte.
»Wieviel?« fragte Friederike.
Drauf Fritz: »Die ganzen zweihundert Schilling.«

Ein Rat für die Damen. Es gibt nur *einen* Weg, um zu vermeiden, daß Ihre Männer ihr Geld am Spieltisch verlieren: Geben Sie es vorher aus.

Ein persisches Sprichwort sagt: Es gibt drei Feinde. Den Feind selbst, den Freund des Feindes und den Feind des Freundes. Es gibt aber auch drei Freunde: den Freund selbst, den Freund der Frau und den Freund des Geldes, das man besitzt. Unter den letzteren gibt es Freunde, deren Freundschaft sich auf Kinder und Kindeskinder vererbt. Mein Freund Toplitz weiß ein Lied davon zu singen.

Toplitz hat einen Freund

Toplitz ist mein Freund. Er ist Schauspieler. *War* Schauspieler, bis er sich eines Tages, nach einer glanzvollen Abschiedsvorstellung in Biel, ins Privatleben zurückzog.
Toplitz war der typische Provinzhengst, wie man im Theaterjargon jene Künstler zu nennen pflegt, denen es nicht gegönnt ist, an einer richtigen Großstadtbühne Fuß zu fassen. Never mind. Er spielte eben an kleinen Bühnen, aber dort alles, was gut und teuer war: den Jago in »Othello«, den Higgins in »My fair Lady«, den Harras in »Des Teufels General« und den Schubert im »Dreimäderlhaus«. Bis er eines Tages vom Schicksal jene Rolle zugewiesen bekam, nach der er sich schon seit langem gesehnt hatte: den Mann einer reichen Schweizerin. Nun stürzte er sich in das süße Leben. »Süß« deshalb, weil seine Frau eine Schokoladenfabrik besaß, in der er einen leitenden Posten bekam. Wenn Sie mehr über die beiden wissen wollen, lesen Sie bitte in meinem Buch »Kleine Geschenke erhalten die Feindschaft«, p. 100, nach.
Eines Morgens bekam Toplitz einen Brief aus Wien: »Verehrter Künstler! Sehr geschätzter Herr Toplitz! Sie werden sich nicht an mich erinnern, wie sollten Sie auch? Es sind Jahrzehnte her, daß Sie mich sahen – ich war damals ein Kind. Dafür wird Ihnen mein Vater ein Begriff sein: Fred Lieben. Wie oft erzählte er mir von Ihnen. Von der unvergeßlichen Aufführung des ›Wilhelm Tell‹ in Bielefeld, in der Sie den ›Tell‹ mimten und er das Glück hatte, den ›Geßler‹ an Ihrer Seite spielen zu dürfen. Und nicht nur das. Er schilderte mir Ihre Freundschaft mit ihm, erzählte mir von Ihren tiefsinnigen Gesprächen über das Theater, von Ihren Ansichten über Autoren und Regisseure sowie von Ihren Frauen- und

Mädchengeschichten. Besonders Ihr Abenteuer mit Frau A. hat uns immer wieder amüsiert. Wie Sie sich erinnern werden, heiratete mein Vater zu jener Zeit, und ich bin heute noch stolz in dem Bewußtsein, daß Sie, verehrter Künstler, es waren, der mir nach meiner Geburt als einer der ersten die Wange tätschelte und mir mit der Hand über den Kopf fuhr. So etwas bindet, oder sollte ich mich täuschen? Der Grund meines Briefes ist folgender. Ich schäme mich, es zu sagen: Es geht mir nicht gut. Mein Vater ist gestorben, meine Frau hat mich verlassen, weil ich ein Versager bin, meinen Posten bei einer Zeitung habe ich verloren, und so lebe ich kümmerlich in einem Untermietzimmer, für das ich kaum noch die Miete bezahlen kann. Ich laufe jeden Tag Gefahr, auch das schadhafte Dach, das ich über dem Kopf habe, zu verlieren. Mir wäre mit jeder Summe gedient, auch mit der kleinsten. Helfen Sie mir, ich werde Ihnen ewig dankbar sein. In Erwartung Ihrer Antwort verbleibe ich Ihr verzweifelter Walter Hupfauf. (Fred Lieben war der Künstlername meines Vaters).«
Fred Lieben? Toplitz dachte nach. Wer war Fred Lieben? Er hatte an fast allen kleinen und kleinsten Bühnen Deutschlands den Tell gespielt, und immer mit einem andern Geßler. Welcher von allen war Fred Lieben? Auch Bielefeld bot ihm keinen Anhaltspunkt. Wovon schrieb dieser – wie hieß er – Walter Hupfauf sonst noch? Von Gesprächen über Theater, Autoren und Regisseure? Wo sprach man nicht von diesen Themen, wenn man nach der Vorstellung in irgendeiner Künstlerkneipe beisammensaß? Und daß er ihm die Wange getätschelt und mit der Hand über den Kopf gefahren war? Gleich nach der Geburt? Wangentätscheln war seine Spezialität gewesen,

aber da hatte es sich immer um siebzehn- bis zwanzigjährige Mädchenwangen gehandelt. Und sein Abenteuer mit Frau A.? Wer war Frau A.? Toplitz stülpte sein Gehirn um wie ein Stundenglas und ließ den Sand in die andere Richtung laufen. Er nahm alle weiblichen Vornamen durch, die mit A beginnen: Anna, Adelheid, Adelgunde, Afra, Alma, Agathe, Amanda, Angelika – nichts. Er erinnerte sich an Frau B., Frau C., Frau D., aber an keine Frau A. Dafür glaubte er plötzlich, sich an Fred Lieben zu erinnern. Ja, das war er! Er war groß, schlank, blond, hatte einen stolzen Gang – dann verschwamm das Bild wieder, und er sah einen kleinen, dicken, schwarzhaarigen Geßler über die Bühne hatschen. Es nützte nichts – er konnte sich nicht erinnern. Andererseits, wenn Fred Lieben sein Freund gewesen war, zumindest während seiner Bielefelder Aufenthalte, würde er es sich nie verzeihen, wenn er seinen vom Schicksal heimgesuchten Sohn nicht unterstützen würde. Jetzt, wo es ihm finanziell so gutging, wie es während seiner ganzen Theaterlaufbahn nicht der Fall gewesen war. Und Fred *war* sein Freund gewesen. Wie wüßte sonst sein Sohn von der Geschichte mit Frau A.? Aber wer war Frau A.?
Am Abend, während des Essens, war er so zerstreut, daß er sich Zucker auf den gegrillten Zander und Salz in den Kaffee gab. »Was hast du?« fragte ihn seine Frau. »Du bist so abwesend.« Toplitz erzählte ihr von dem Brief. »Du mußt ihm etwas schicken«, sagte sie, »aber keine große Summe, die verbraucht er und hat wieder nichts. Am besten gibst du unserer Bank einen Dauerauftrag, damit sie ihm jeden Monat hundertzwanzig Franken überweist, das reicht für die Miete, so daß ihm wenigstens diese Sorge genommen ist. Am besten wendest du

dich an Frau A –«, Toplitz zuckte zusammen, »wie heißt sie bloß? Annabella!« Toplitz atmete auf. »Sie behandelt alle unsere Geldangelegenheiten und ist die Verläßlichste von allen.«

Toplitz konnte nicht schlafen. Wer war Fred Lieben? Wenn er für ein paar Minuten einnickte, sah er sich als Wilhelm Tell auf der Bühne stehen und hörte sich sagen, daß Geßler durch diese hohle Gasse kommen müsse. Aber sooft er es auch sagte, Geßler kam nicht. An seiner Stelle kam Frau A., aber sie trug einen Schleier vor dem Gesicht, und so konnte er sie nicht erkennen. Am nächsten Morgen war er wie gerädert. Er setzte sich hin und schrieb an den Sohn seines Freundes:

»Lieber Herr Hupfauf! Vielen Dank für Ihren Brief, der mich zu Tränen rührte. Sie wissen nicht, was es für mich bedeutet zu wissen, daß sich der Sohn meines besten Freundes in einer so prekären Lage befindet. Ich habe Ihre Situation mit meiner Frau besprochen. Schöpfen Sie Hoffnung. Wir schicken Ihnen über unsere Bank monatlich hundertzwanzig Franken, das sind ungefähr tausend Schilling, damit Sie keine Sorgen mehr mit der Bezahlung Ihrer Miete haben. Verzagen Sie nicht. Mit besten Grüßen Ihr Emmerich Toplitz.«

Nach acht Tagen bekam er die Antwort: »Sehr geehrter Herr Toplitz! Lieber, väterlicher Freund! Dank, Dank, Dank! Gott segne Ihr gutes Herz sowie das Herz Ihrer Frau Gemahlin! Leider scheinen Sie nicht zu wissen, was in Wien die Mieten kosten. Für tausend Schilling bekomme ich nicht einmal ein Bett in einer Gastarbeiterwohnung, in der zwei Familien mit Kindern und Enkeln in einem Zimmer hausen. Ich bezahle für mein schäbiges Untermietzimmer gerade das Doppelte. Ich weiß, daß uns beide nichts verbindet als Ihre Freundschaft mit meinem Vater und die Erinnerung, daß Sie mir, als ich noch ein Baby war, die Wange getätschelt haben und mir mit der Hand über den Kopf gefahren sind. Es war wohl falsch, mich an Sie zu wenden, in dieser harten, mitleidlosen Zeit. Was bedeutet heute schon Freundschaft? Wenn Sie mir aber trotzdem helfen wollen, dann bitte ich Sie, mir pro Monat zweihundertvierzig Franken zu überweisen. Das reicht dann gerade für die Miete. Daß ich auch essen muß, scheint Ihnen entgangen zu sein, aber das ist nicht so wichtig. Ich rechne mit Ihrer Großzügigkeit und mit Ihrer Erinnerung an meinen Vaer. Ihr dankbarer Walter Hupfauf.«

Toplitz schämte sich. Wie konnte er nur so knauserig sein? Er überwies Hupfauf zweihundertvierzig Franken für die Miete sowie fünfhundert Franken für die Lebenskosten.

Nach acht Tagen bekam er wieder einen Brief: »Sehr geehrter Herr Toplitz! Vielen Dank für den überwiesenen Betrag. Inzwischen ist meine Frau, als sie hörte, daß ich einen noblen Schweizer Gönner habe, zu mir zurückgekehrt, allerdings unter gewissen Bedingungen, von denen das Verlangen nach einer eigenen Wohnung an erster Stelle steht. Wir haben bereits eine gefunden. Die Miete beträgt tausend Franken im Monat, und ich hoffe, daß Sie mir diese Summe nicht abschlagen werden. Schließlich waren es ja Sie, der mir die Sache eingebrockt hat. Hätten Sie mir von Anfang an kein Geld geschickt, wäre meine Frau nie zu mir zurückgekommen. Mein Vater würde sich im Grabe umdrehen, wenn er wüßte, wie Sie an mir handeln. An mir, dem Sie als Baby die Wange getätschelt und mit der Hand über den Kopf gefahren sind.

Ich erwarte umgehend dreitausend Franken von Ihnen, da ich die Miete für drei Monate im vorhinein bezahlen muß. Walter Hupfauf.«
Toplitz war entsetzt. Er blickte zum Himmel auf: »Was soll ich tun, Fred? Gib mir einen Rat, toter Freund! Wie soll ich das meiner Frau beibringen?« Toplitz' Frau war, trotz ihrer Barmherzigkeit, immerhin eine Schweizerin. Also ging er zu einem Juwelier und verkaufte eine Krawattennadel und ein Paar Manschettenknöpfe, beides aus Gold mit Brillanten. Sie würden seiner Frau nicht abgehen. Am selben Abend kam noch ein Telegramm: »PS. Erfahre eben via Fernsehen, daß Indexziffer um sechs Prozent gestiegen, erwarte Aufstockung. Hupfauf.«
Toplitz war außer sich. Er verfluchte seinen Freund, er verfluchte dessen Sohn. »Die Wange habe ich ihm getätschelt«, sagte er wütend, »und mit der Hand bin ich ihm über den Kopf gefahren! Eine Ohrfeige hätte ich ihm geben und mit dem Motorrad über den Kopf fahren sollen!«
Er schickte Hupfauf ein Telegramm: »Überweise mit gleicher Post fünftausend Franken, damit ist es Schluß. Toplitz.«
Diesmal kam der gewohnte Brief schon nach drei Tagen: »Sie Schmutzian! Sie Geizkragen! Sie halten mich wohl für einen Bettler? Nur der Erziehung, die mir mein Vater angedeihen ließ, haben Sie es zu danken, daß ich Ihnen Ihre schäbigen fünftausend Franken nicht zurückschikke! Nur weil ich Sie vor sich selbst nicht so klein machen will, Sie kümmerlicher Filz! Es ist nicht meine Schuld, daß Mieten und Lebenskosten so gestiegen sind. Sie haben sich schriftlich verpflichtet, für beides zu sorgen. Sollten Sie Ihr Versprechen nicht einhalten, übergebe ich

die Angelegenheit meinem Anwalt. Mit der Ihnen gebührenden Hochachtung Walter Hupfauf.«
Toplitz antwortete nicht. Nach acht Tagen kam ein Einschreibebrief, diesmal von einem Anwalt. Er lautete: »Herrn Emmerich Toplitz, Hölderlinstraße 22, CH-8008 Zürich, Schweiz. Sehr geehrter Herr, im Auftrag meines Mandanten, Herrn Walter Hupfauf, ersuche ich Sie, die von Ihnen eingegangene Verpflichtung, für Miete und Lebensunterhalt meines Mandanten zu sorgen, erfüllen zu wollen, widrigenfalls ich die Forderung meines Mandanten gerichtlich einheben lassen müßte. Es handelt sich um einen Betrag von schw. Fr. 5000 (in Worten fünftausend Schweizer Franken) pro Monat, vorauszuzahlen für drei Monate. Weiters: Es dürfte Ihnen nicht unbekannt sein, daß es in Bielefeld anläßlich der Geburt meines Mandanten das Gerücht gab, daß nicht der verstorbene Fred Lieben, sondern Sie der Vater meines Mandanten sind. Ich nehme an, daß eine Verfolgung dieses Gerüchtes weder Ihnen noch Ihrer Frau Gemahlin wünschenswert sein dürfte. Sollte mein Mandant Ihnen und Ihrer Frau Gemahlin zuliebe davon absehen, diesem Gerücht nachzugehen, erwartet er dafür eine Entschädigung von schw. Fr. 10.000 (in Worten zehntausend Schweizer Franken). Sollten beide Beträge nicht binnen acht Tagen in meinen Händen sein, würde ich mich genötigt sehen, außer der Klage auf Miete und Lebenskosten auch einen Vaterschaftsprozeß gegen Sie anzustrengen. Ihrer Antwort bzw. der Überweisung des Geldes entgegensehend, hochachtungsvoll Dr. Martin Vogel.«
Toplitz hielt sich den Kopf. Jetzt sollte er noch der Vater sein? Er nahm im Geist seine Bielefelder Amouren

durch. Grete, das wußte er, hatte einen Fabrikanten geheiratet, ihre Ehe war kinderlos geblieben. Margit hatte er, auf der Durchreise nach Frankfurt, in Zürich getroffen, sie hatte kein Wort von einem Kind gesagt. Auch Inge und Pauli hatten keine Kinder, nur Gusti hatte eines bekommen, aber erst, nachdem er drei Jahre von Bielefeld fort war. Warum hatte er sich nur in diese Geschichte eingelassen? Gut, einem Freund zuliebe. Und wenn er auch nicht mehr wußte, wie er aussah – er war doch sein Freund gewesen.

Toplitz' Gattin ließ auf ihr Haus ein Stockwerk aufsetzen. Zu diesem Zweck mußte der Dachboden ausgeräumt werden, bei welcher Gelegenheit Toplitz einen Koffer mit Erinnerungen an seine Theaterzeit fand. Er öffnete ihn, blätterte die alten Kritiken und Programme durch – und da fand er es: die Darsteller des Geßler bei seinen Bielefelder Gastspielen als Tell hießen Hans Nordegg, Ferry Winter, Paul Naschitz und Robert Plohm. Einen Fred Lieben hatte es in seiner ganzen Karriere nicht gegeben. Dies teilte er dem Anwalt mit.

Dann fuhr er nach Wien, ging zu Walter Hupfauf und tätschelte ihm die Wange, daß er zwei Backenzähne verlor. Trotzdem traute er sich nicht, die Anzeige zu machen.

Walter Hupfauf scheint die Worte Ernst Haeussermanns gelesen zu haben, der da sagte: Für jeden kommt einmal die Stunde der Wahrheit, und da muß man lügen, lügen, lügen!

Es ist keine Zeit so schön wie die unsrige – für Menschen, welche Probleme lieben. Die anderen mögen sich mit den Worten Ben Akibas trösten:

Alles ist schon dagewesen

Anno 1486 ...
Wunibald I. von Radebach, mit dem Beinamen »der Burgenerbauer«, wollte wieder eine neue Festung errichten, und zwar eine hypermoderne, nach dem letzten Schrei der Wehrtechnik, die trutzigste, die es je gegeben. Für den Standort hatte er keine Alternativen mehr. Sie mußte auf dem steilen und schwer zugänglichen Hengistberg errichtet werden. Alle übrigen Höhen und Hügel seines ausgedehnten Herrschaftsgebietes waren bereits von seinen edlen Vorfahren und von ihm selbst mit stolzen Burgen geschmückt worden. Nun ging es bei dem geplanten Neubau keineswegs darum, eine längst fällige Baulücke zu schließen oder die Burgenbauwirtschaft in Schwung zu halten oder gar Arbeitsplätze zu schaffen – mitnichten: Die neue Burg sollte das Schlußglied einer Abwehrkette werden, an der schon Wernhard der Gefräßige, Wunibalds Großvater, zu bauen begonnen hatte.
Wernhard, ein friedliebender Ritter, war gezwungen gewesen, dem Burgenbau Priorität einzuräumen, weil sein Nachbar, Hademar von Kürneberg, auch »der Plattfüßige« genannt, Sproß eines Oldtimer-Adelsgeschlechtes, ein Spitzenreiter in der Beuteszene, unentwegt versucht hatte, das fruchtbare Land der Radebacher zu kassieren. Hademar hatte eine Angriffsfehde nach der anderen inszeniert, und nur dem raschen und großzügigen Burgenbau Wernhards war es zu verdanken gewesen, daß das Land im Besitz der Radebacher verblieben war.
Ingomar, der Kitzliche, Hademars Sohn, der sich zum Haudegen von Superklasse profilieren hatte können, hatte die Aggressionsbestrebungen seines Vaters unermüdlich fortgesetzt, so daß Gebhard der Rülpsende,

Wernhards Sohn, das Burgenbauprogramm weiter ohne Abstriche vorantreiben mußte.
Isobert von Kürneberg, Ingomars Sohn mit dem Beinamen »der Lüsterne«, ein Playboy im Harnisch, hatte versucht, auf charmante Tour in den Besitz der Radebachschen Ländereien zu kommen. Er hatte der jüngeren Schwester Wunibalds, einer etwas ausgeflippten Burggöre, bei Turnieren eifrig den Hof gemacht. Edeltraut, die wundermilde Maid, die schon in der Jugend mit zahlreichen Ländereien bedacht worden war, um später einmal eine begehrte Partie zu werden, hatte dieses Hofieren mit schlampigen Augen erwidert. Wie heute die Illustrierten, bemächtigten sich damals die Minnesänger dieser Geschichte und trugen sie von Burg zu Burg. Dem Hause Radebach drohte ein Skandal. Wunibald war gezwungen, eine Sofortmaßnahme zu setzen. Er steckte seine lose Schwester in ein strenges Kloster und vermachte ihre Erbrechte dem geistlichen Orden. Isobert reagierte darauf mit räuberischen Überfällen, er berannte eine nach der andern von Wunibalds Burgen, wurde aber dank der neuen Bauweise dieser Festen immer wieder abgewehrt. Mit der neuen Burg auf dem Hengistberg sollten die letzten noch ungeschützten Wege und Pfade, die der Kürneberger laufend zu nutzen wußte, unter Kontrolle gebracht werden. In Zukunft sollte kein Kürneberger mehr seinen Fuß auf Radebachisches Land setzen.
Eigentlich hatte schon Wernhard der Gefräßige die strategisch ungemein wichtige Lage des Hengistberges erkannt und den Bau einer festen Burg auf diesem Gipfel ins Auge gefaßt, aber die Steilheit und Unzugänglichkeit dieses Berges hatten dieses Vorhaben vereitelt.
Inzwischen hatte die Burgenbautechnik enorme Fort-

schritte gemacht, Geländeschwierigkeiten konnten leichter überwunden werden, Wunibald durfte also mit Optimismus ans Werk gehen. Stolz ließ er es öffentlich ausposaunen. Vier Herolde bliesen in die Fanfaren, das Volk lief zusammen, der Regierungssprecher entrollte ein Pergament und las:
»Hiemit sey aller Welt kundtgetan, daß unser Herr, Ritter Wunibald I., Herrscher über Ober- und Untertupfing, gewillet ist, auf dem Hengistberg, der ihm als Eygengrund zugehöret, eyn feste Burg zu bauen.« Jubel.
Am Tage des Baubeginns ritt Wunibald in schimmernder Wehr an der Spitze eines reichen Trosses, unter dem sich auch ein geschulter Rodungstrupp befand, auf den Hengistberg zu. Heller Hörnerschall begleitete den Zug. Schon am Fuße des Berges ließ Wunibald absitzen. Schroffe Felsen, steile, dichtbewaldete Hänge und undurchdringliches Unterholz verhinderten das Weiterreiten. Die Pferde wurden in Obhut einiger Knechte gegeben, und auf allen vieren ging es weiter. Mühsam arbeiteten sich Ritter und Gefolge den Berg hinauf. Wunibald hielt standesgemäß die Spitze. Er war überglücklich. Es war ein idealer Standort für eine Burg. Als der Trupp endlich keuchend und schweißtriefend den Gipfel erreichte, trauten die Männer ihren Augen nicht. Überall saß oder lag junges Volk herum: Bauern- und Bürgersöhne, Knappen und Pagen und sogar Mädchen. Alle waren in den neuesten »Fetzenlook« gekleidet, manche der Mädchen trugen sogar Hosen. Wunibald verschlug es den ausgegangenen Atem. Die jungen Leute erhoben sich, als sie Wunibald erblickten, aber sie erhoben sich nicht devot und respektvoll, wie es sich für sie geziemt hätte, sondern trutzig und entschlossen. Ihr Erheben

glich einer Erhebung. Stumm rückten sie auf einen dichten Haufen zusammen.
»Was wollt ihr auf meinem Grund und Boden?« schrie Wunibald sie an.
»Wir protestieren!« riefen sie im Chor.
»Protestieren? Was heißt das? Dieses Wort kenne ich nicht!«
»Herr«, sagte der kluge Burgvogt, der neben Wunibald stand, »das ist eine Demonstration.«
»Demonstration? Was heißt *das* wieder? Lauter neue Wörter, die es in meiner Jugend nicht gegeben hat.«
»Sie wollen Euch zeigen, daß sie mit der neuen Burg nicht einverstanden sind.«
»Himmel, Kreuz und Donnerwetter!« fluchte Wunibald. »Seit wann hat solch junges Pack das Recht, mit etwas einverstanden zu sein oder nicht?«
»Sie wollen mitreden«, beschwichtigte ihn der Vogt. »Es ist ja auch *ihr* Land.«
Wunibald lachte höhnisch auf. »Ihr Land? Es ist *mein* Land – und ich bin der Herr! Ich bestimme, was zu geschehen hat und sonst niemand!«
»Die Zeiten haben sich geändert, Herr.«
»Das sehe ich, aber ich werde sie gleich zurückändern! Komm, mein Schwert, das mir schon aus manch mißlicher Lage geholfen hat!« Er riß sein Schwert aus der Scheide. »Auf, Männer! Putzt dies Gesindel weg!«
Der Burgvogt hielt ihn zurück. »Nur keine Gewaltanwendung, Herr«, bat er. »Ich sehe unter der jugendlichen Menge gar viel Sprößlinge aus den vornehmsten und reichsten Familien des Landes. Seht dort Dietrich, den Sohn Eures Kumpanen Friedjung des Säufers. Melchthilde, die Tochter Eures Schatzmeisters. Gernot,

den Enkel Eures Wehrministers. Wir können jetzt, wo der Kürneberger wieder rüstet, keinen Unfrieden brauchen. Redet mit ihnen. Verhandelt. So kommt ihr besser ans Ziel.«

Wunibald steckte sein Schwert in die Scheide und trat auf die Demonstranten zu. »Warum wollt ihr gegen meinen Burgenbau pro ... pro ...«

»Protestieren«, soufflierte ihm der kluge Vogt.

»Protestieren«, vollendete Wunibald die Frage.

Ein blonder Bursche trat vor. »Weil schon zu viele Bäume für Eure Burgen gestorben sind«, sagte er. »Laßt es genug sein.«

»Euch tut es also um diese paar Bäume da leid?« Wunibald zeigte auf die herrlichen Eichen, die den Gipfel des Hengistberges krönten.

»Ja, Ritter«, antwortete der Bursche. »Die Bäume sind unsere Brüder.«

»Brüder?« Wunibald sah ihn groß an. »Meine Brüder sind Roderich der Dumme und Adalbert der Depp. Meine Brüder sind keine Bäume.«

»Mit den Bäumen geht uns der Sauerstoff verloren«, nahm nun ein zweiter das Wort.

»Sauerstoff? Was ist *das* wieder?«

»Oxygenium«, flüsterte ihm der kluge Burgvogt zu.

»Aha«, meinte Wunibald und hatte keine Ahnung. »Habt ihr vergessen«, rief er dann wieder, »daß eure Großväter und Väter ganze Wälder gerodet haben, um daraus fruchtbares Ackerland zu machen? Diesen Rodungen habt ihr euren Wohlstand zu danken.«

»Das wissen wir«, erwiderte der Junge, »aber jetzt muß Schluß sein. Jede weitere Rodung zerstört den Haushalt der Natur und nimmt den Tieren den nötigen Lebens-

raum. Gar viel Getier ist schon im Aussterben. Wir müssen umdenken. Rodung ist kein Fortschritt mehr.«
Die Schar begann zu singen: »Ohn' Wald kein Wasser, ohn' Wasser kein Brot, ohn' Brot kein Leben, nur Hunger und Not!«
Wunibald wandte sich ratlos an den Burgvogt: »Die Leute scheinen organisiert zu sein. Sie haben ihre eigenen Gesänge.«
»Es sind Umweltschützer«, antwortete der Vogt. »Sie nennen sich die ›Grünen‹.«
»Ihr wißt ja trefflich Bescheid«, staunte Wunibald.
»Ich habe ja *auch* Kinder«, sagte der Vogt.
»Und die denken so wie diese da?«
»Ja, Ritter«, nickte der Vogt.
»Da habt Ihr sie schlecht erzogen.«
»Die Euren denken ja ebenso«, erwiderte der Vogt.
»Wieso wißt Ihr das?« brauste Wunibald auf.
»Ich hörte sie reden, Ritter.«
Wunibald stieß das Schwert in den Boden. »Und ich weiß von alldem nichts? Hört!« rief er den jungen Leuten zu. »Hier handelt es sich nicht um eine gewöhnliche Rodung, sondern um den Bau einer strategisch wichtigen Burg!«
»Eben!« Ein dritter Bursche trat vor. Es war Gernot, der Sohn von Wunibalds Wehrminister. »Wir sind nicht nur gegen das Abholzen dieses Gipfels, wir sind gegen den ganzen Burgenbau! Wir wollen nicht, daß der letzte Gipfel des Landes von einer Burg verschandelt wird!«
Wunibald verstand die Welt nicht mehr. »Ein Berg wird durch eine Burg nicht verschandelt, sondern gekrönt!« rief er.
»Und das wollen wir nicht!« fauchte eine der Maiden.

»Unsere Kinder und Enkelkinder sollen noch sehen, wie ein Berggipfel *ohne* Burg ausschaut!«
»So ist es!« schrien die andern.
Wunibald schüttelte die Fäuste. »Seit wann haben Weibspersonen in Sachen Burgenbau etwas dreinzureden?«
»Wir werden noch mehr dreinreden!« riefen ein paar Extremistinnen.
»Wir Frauen fordern den Abbruch *aller* Burgen! Wir wollen wieder naturbelassene Berge haben!«
»Naturbelassene Berge!« echoten die andern.
»Ihr dummen Gänse!« brüllte Wunibald. »Die Burgen sind der einzige Schutz gegen den Kürneberger! Wollt ihr, daß der Kerl ins Land einfällt? Wenn diese Burg einmal steht, dann haben wir endgültig Frieden!«
Im selben Augenblick nahte ein Zug weißgekleideter Burschen und Mädchen. Wunibald erblickte seinen Sohn Siegbert unter ihnen. Vor Schreck fiel ihm das Visier vor's Gesicht. Als er es wieder hinaufgegeben hatte, fragte er außer sich: »Wer seid ihr?«
»Wir sind von der Friedensbewegung«, sagte einer von ihnen, anscheinend der Sprecher. »Wir wollen keinen Frieden durch Burgenbau, und die Jugend von Kürneberg denkt genauso wie wir. Wir werden eine Menschenschlange bilden von der Burg des Kürnebergers bis zu der Euren! Hüben und drüben soll eine neue Welt geschaffen werden, in der Waffen und Burgen überflüssig sein werden!«
»Gebt Eure Schwester frei!« rief Melchthilde, die Tochter des Schatzmeisters. »Die Minne des Kürnebergers zu ihr wird uns den Frieden mehr sichern als Eure Burgen!«
»Minne!« lachte Wunibald höhnisch. »Er hat ihr Erbgut

geminnt und nicht sie! Aber jetzt weiß ich, woher der Wind weht! Die Sache wird von drüben gelenkt!« Er zückte das Schwert. »Bei meiner Helmzier!« rief er. »Räumt das Feld! Die Rodung beginnt!«
»Niemals!« schrie die Schar. Die Burschen und Maiden liefen zu den Bäumen und deckten sie mit ihren eigenen Leibern.
»Weg mit euch!« tobte Wunibald.
»Gemach, Ritter!« besänftigte ihn der kluge Vogt. »Ich habe einen Vorschlag. Bietet den Grünen den Brandtnerhof als Lehen und das Brandtnertal dazu. Dort mögen sie die gleiche Anzahl Bäume setzen, die hier gefällt wird. Den Friedensleuten versprecht, in der neuen Burg ein Aktionsbüro einzurichten, auf Eure Kosten natürlich, sowie einen Anteil am Zehent für ihre Aktionen. Sie werden sicher drauf eingehen. Sie brauchen Erfolge.«
»Sei's denn!« sagte der Ritter.
Die Grünen erhielten den alten Brandtnerhof samt Tal als Afterlehen. Dort durften sie die Umwelt schützen, soviel sie wollten, noch dazu abgabenfrei. Mit dem Bau der Burg konnte aber trotzdem noch nicht begonnen werden. Jetzt kamen die Leute, die ihre Hütten im Tal und die Aussicht auf den Berg hatten. Sie fühlten sich in ihrer Sicht beeinträchtigt. Wunibald mußе sich verpflichten, die Wehrtürme niedriger zu machen, da sie sonst die Aussicht auf den dahinterliegenden Berg verstellen würden, und gerade wegen dieser Aussicht mieteten sich im Sommer die Fremden bei ihnen ein. Von diesen Fremden lebte das Tal. Herbergsvätern, Schankwirten, Sänftenträgern, die die Fremden auf den Berg trugen – allen brachten sie Gewinn. Deshalb mußte Wunibald auch versprechen, mit dem Bau erst im Herbst zu begin-

nen, da diesen Leuten die Belästigung durch Staub und Lärm nicht zugemutet werden könne. Nun kamen die Sicherheitsvorschriften. Die Zugbrücke mußte auf jeder Seite um fünf Zentimeter breiter gemacht werden. Auch mußten drei kleine Notzugbrücken errichtet werden, durch die die Bewohner der Burg im Falle eines Feuers fliehen könnten. Von den vierhundertfünfzig Zinnen, die Wunibald geplant hatte, durfte er nur vierhundertachtundvierzig anbringen, was er eine echt mittelalterliche Schikane nannte. Nun folgte der Gesundheitsschutz. Wunibald mußte unterschreiben, daß während der Nachtstunden, von acht Uhr abends bis sechs Uhr früh, sowie von zwei bis vier Uhr nachmittags nicht gekämpft werden dürfe. Unten am Berg sollten Tafeln angebracht werden, laut welchen es dem jeweiligen Feind verboten sei, während dieser Zeit die Burg zu berennen.

Endlich begann man mit dem Bau, und die Burg wurde, trotz der Auflagen, die der Baumeister bekommen hatte, eine schöne Burg. Die Friedensbewegung war zufrieden – sie bekam ihr Aktionsbüro gleich neben der Waffenkammer. Im letzten Moment hatte Wunibald noch eine Vorschrift der RFM – was soviel wie »Ritter für Menschenrechte« bedeutete – zu erfüllen: Das Burgverlies durfte nicht finster und feucht, sondern mußte hell und staubtrocken sein. Den Wunsch nach Einführung eines Verliesurlaubes lehnte er ab. Für die Resozialisierung von Malefizpersonen hatte er noch kein Verständnis.

Von nun an herrschte Frieden im Lande. Ein echter Burgfrieden.

Übrigens: Die Burg steht noch heute und wird alljährlich im Sommer von Scharen von Ausländern bewundert. Und mancher soll schon gesagt haben: »Damals muß das Bauen noch ein Vergnügen gewesen sein.«

Ein Mann, der viele Jahre verheiratet ist, weiß mehr von der Ehe, als einer, der viele Male verheiratet ist. Mein Freund Robinson, ein bekannt tüchtiger Anwalt, sagte einmal in einem Scheidungsprozeß: Die Ehe ist eine Sache für Frauen – Männer sollten nichts damit zu tun haben.

Der unverstandene Mann

Mela Robinson rannte aufgeregt im Zimmer hin und her, während ihr Gatte, klein und beschämt, in seinem Fauteuil saß und still zuhörte, was sie ihm zu sagen hatte. »Mir das!« rief sie immer wieder. »Mir das! Diesem billigen Flittchen zu erzählen, daß du eine Freundin brauchst, weil *ich* dich nicht verstehe! Ich! Die immer nur auf dein Wohl bedacht war! Auf dein Glück! Was warst du denn schon, bevor wir geheiratet haben? Sag jetzt bloß nicht ›glücklicher‹ – das ist ein alter Witz, den du schon oft gebraucht hast! Ich werde dir sagen, was du warst! Ein Nichts warst du! Ein Niemand! Konzipient bei Dr. Bettelheim! In einer der schlechtestgehenden Anwaltskanzleien, die es gibt! Ich habe dir mit meiner Mitgift die Möglichkeit gegeben, dich selbständig zu machen! Liebe hast du mir vorgeheuchelt! Temperament! Du bist ein Vulkan, hast du gesagt! Jetzt weiß ich warum! Weil du den ganzen Tag rauchst! Mir das!« rief sie wieder. »Dieser unverschämten Person gegenüber die alte Masche vom unverstandenen Mann zu gebrauchen! Nur um ihr einen Vorwand zu geben, den guten Engel zu spielen, der sich bemüßigt fühlt, seinem Chef zu helfen! Ihn zu trösten! Du bist ja so arm! So verkannt!« übertrieb sie. »So unverstanden von der eigenen Frau! Dich *muß* man ja trösten! Und sie *hat* dich getröstet!« schrie sie plötzlich wieder. »Und so gründlich getröstet, daß wir jetzt auf Jahre hinaus Alimente zahlen müssen! Wozu hast du sie denn überhaupt gebraucht? Ich weiß, ich weiß wozu«, unterbrach sie sich schnell, »was ich wissen will ist, wozu du sie im Büro gebraucht hast! Weil du *einen* spanischen Klienten hast, mußtest du eine spanische Korrespondentin engagieren? Das hast du jetzt davon! Ich sehe dich vor mir, wie du mit ihr in irgendeinem

RANG.

obskuren Lokal sitzt und von deinem leeren Heim sprichst. ›Ich habe meine Frau geliebt‹«, machte sie ihn wieder nach, »›aber sie versteht mich nicht. Was ich brauchen würde, wäre eine Frau wie Sie, eine Freundin, der ich eine kleine Wohnung mieten und mit der ich mich aussprechen könnte, so oft ich das Verlangen dazu habe!‹ Das Verlangen hast du oft gehabt, aber nicht zum Aussprechen! *Jetzt* kannst du dich aussprechen! Vor Gericht! Denn daß das Kind nicht von dir ist, sondern von dem jungen spanischen Cousin, der sie öfter besucht hat, weißt du ebenso gut wie ich! Ich weiß bloß nicht, woher sie einen spanischen Cousin hat, wo es in ihrer ganzen Familie keinen Spanier gibt! Und ob es für deinen Namen und deinen Beruf so vorteilhaft ist, wenn du einen Vaterschaftsprozeß in eigener Sache führst, weiß ich auch nicht! Ich muß schon sagen, Emil – ich verstehe dich nicht!«
Drauf er: »Ich habe ja gesagt, du verstehst mich nicht.«

Bei Durchsicht des Manuskripts dieses Buches bemerke ich, daß einige streitende Ehepaare drin vorkommen. Ich sage das nicht, liebe Leserinnen und Leser, um mich zu entschuldigen – ich sage es nur, um Ihnen zu zeigen, wie sehr meine Satiren aus dem Leben gegriffen sind.

Wer suchet, der findet, aber wer verlieret, der sollte ebenfalls suchen, vielleicht findet er das Verlorene wieder. Sei es ein goldener Kugelschreiber – oder

Der Glaube an die Menschheit

Es war acht Uhr abends, als ich nach Hause kam. Meine Frau reichte mir ein Formular. »Bitte unterschreib das«, sagte sie. »Dr. Birnbaum läßt es morgen früh abholen.« Dr. Birnbaum war unser Steuerberater, das Formular war für das Finanzamt. Ich hasse das Finanzamt. Jedes meiner Bücher enthält ungefähr vierzig Geschichten. Zwanzig davon schreibe ich für das Finanzamt. Was nützt es? Als braver Staatsbürger muß man sich damit abfinden, daß man eine Regierung zu erhalten hat. »Unterschreib bitte«, erinnerte mich meine Frau. Ich griff nach meinem goldenen Kugelschreiber, den ich immer in der linken Brusttasche meines Sakkos trage (er ist das Geschenk einer Leserin) – er ist nicht da. »Du wirst ihn zu Hause vergessen haben, und er wird in der Lade sein«, sagte meine Frau. Ich suchte in der Lade – nichts. »Auf dem Schreibtisch?« Nichts. »Welchen Anzug hast du gestern getragen?« »Den blauen.« »Dann wird er in dem blauen Anzug sein.« Ich suchte in dem blauen Anzug – nichts. »Denk nach, wo du heute überall warst. Hast du vielleicht irgendwo etwas unterschrieben?« »Nein.« »Dann hast du ihn verloren.« Um das festzustellen, hätte ich sie nicht gebraucht.
Ich verliere selten etwas, aber *wenn* ich etwas verliere, verliere ich es derart gekonnt, daß ich es nie wieder finde. »Es ist acht Uhr abends«, sagte meine Frau, »heute ist nichts mehr zu machen. Morgen früh mußt du überall anrufen, wo du heute warst, vielleicht hat man den Kugelschreiber gefunden.« Sie hatte recht.
Am nächsten Tag war ich ziemlich zuversichtlich. Ich hatte den Kugelschreiber bestimmt irgendwo aus der Tasche genommen und liegenlassen. Ich beschloß, nicht erst anzurufen, sondern sofort alle Plätze aufzusuchen,

wo ich mich gestern aufgehalten hatte. Wer einen goldenen Kugelschreiber findet, gibt ihn nicht gern zurück, das ist klar. Wenn ihm aber der rechtmäßige Besitzer gegenübersteht, kommen ihm Bedenken, er wird rot im Gesicht, er beginnt zu stammeln, bis er dann sagt: »Ich wollte Sie eben anrufen, daß ich Ihren Kugelschreiber gefunden habe.«

Wo war ich zuerst gewesen? Im Verlag. Ich ging also in den Verlag, der von einer reizenden Prokuristin geleitet wird. Sie schien mir immer die Ehrlichkeit in Person zu sein, so daß ich nie angenommen hätte, daß sie einen goldenen Kugelschreiber findet und für sich behält. Ich beschloß, es ihr auf den Kopf zuzusagen.

»Ich habe gestern meinen goldenen Kugelschreiber hier vergessen. Sie haben ihn sicher gefunden.«

»Ich? Nein!« antwortete sie. Sie hatte weder Bedenken, noch stammelte sie, noch wurde sie rot. Ich ging. In der Tür stieß ich auf die Lektorin des Verlags. Sie war eine Dame vom Scheitel bis zur Sohle. Bis zu *den* Sohlen. Sie hatte zwei. Es war mir direkt peinlich, sie zu verdächtigen. »Ich habe eben gehört«, sagte ich frech, »daß Sie den goldenen Kugelschreiber gefunden haben, den ich gestern hier vergessen habe.«

»Ich?« Entrüstet wandte sie sich an die Prokuristin. »Haben Sie gesagt, daß ich einen goldenen Kugelschreiber gefunden habe?«

»Ich? Nicht ein Wort!« Die Prokuristin war empört.

»Wie können Sie dann so etwas behaupten?« fragte mich die Lektorin. Mir kamen Bedenken, ich wurde rot im Gesicht und begann zu stammeln: »Entschuldigen Sie ... auf Wiedersehen.« Ich verließ, so schnell ich konnte, den

Verlag. Wo war ich noch gewesen? Im Kaffeehaus. Ich ging in mein Stammcafé.
Anton, der Ober, den ich seit gut zwanzig Jahren kenne, kam auf mich zu. »Was darf ich bringen?« erkundigte er sich.
»Meinen goldenen Kugelschreiber«, sagte ich. »Ich habe ihn gestern hier auf dem Tisch liegenlassen.«
»Hier auf dem Tisch war nichts«, erklärte Anton kategorisch. »Wenn hier ein goldener Kugelschreiber gewesen wäre, hätte ich ihn gefunden und hätte sie längst angerufen. Vielleicht haben Sie ihn beim Telefon verloren. Telefoniert haben Sie. Ich werde den Chef fragen.«
Der Chef unterbrach seine Kartenpartie. »Leider«, bedauerte er, »bei uns wurde nichts gefunden. Den Kugelschreiber müssen Sie anderswo verloren haben.« Verärgert verließ ich das Kaffeehaus. Wo war ich noch gewesen? Stimmt, erinnerte ich mich, in der Bank. Ich ging in die Bank.
»Guten Tag«, begrüßte mich der Filialleiter. »Was kann ich *heute* für Sie tun?« Er leugnete also nicht, daß ich gestern dagewesen war.
»Heute können Sie mir nur den goldenen Kugelschreiber zurückgeben, den ich gestern hier verloren habe«, sagte ich, bereits ziemlich unfreundlich.
»Kugelschreiber?« wiederholte der Filialleiter. »Nicht daß ich wüßte. Aber gedulden Sie sich bitte einen Augenblick – ich werde das Personal fragen.« Er rief in einiger Entfernung die Belegschaft zusammen. Die Leute standen um ihn herum, warfen komische Blicke nach mir, tuschelten und benahmen sich ganz so wie in einem Fernsehkrimi, in dem einige Verbrecher eine Leiche versteckt haben und verhindern wollen, daß man sie wiederfindet.

Der Filialleiter kam zurück. »Ich muß Ihnen mit Bedauern mitteilen«, sagte er, »daß bei uns niemand einen goldenen Kugelschreiber gefunden hat.«
»So!« stieß ich zwischen den Zähnen hervor. »Man wird ja sehen.« Mit dieser Drohung verließ ich die Bank und fühlte, wie mir der Filialleiter fassungslos nachsah. Wo war ich noch gewesen? In der Imbißstube. Ich ging in die Imbißstube.
»Ich hole mir nur meinen goldenen Kugelschreiber«, sagte ich, bevor mich noch jemand fragen konnte, was ich wünsche.
»Goldenen Kugelschreiber?« fragte eines der Sandwichgirls verwundert. »Das muß ein Irrtum sein. Der Juwelier ist gegenüber.«
»Das weiß ich«, sagte ich bereits ziemlich laut. »Ich will aber keinen Kugelschreiber *kaufen*, ich will meinen Kugelschreiber wiederhaben, den ich gestern hier vergessen habe.«
Die Geschäftsführerin näherte sich. »Hören Sie«, sagte sie, »halten Sie die Mädchen nicht auf, sie haben Besseres zu tun, als sich von Ihnen anschwatzen zu lassen. Sie sind nicht der erste, der mit so einer dummen Ausrede kommt, nur um mit ihnen ein Gespräch anzufangen und sie nach Geschäftsschluß einzuladen und so weiter.«
Nun wurde ich wütend. »Ich will mit niemandem ein Gespräch anfangen, ich will niemanden einladen und schon gar nicht ›und so weiter‹!« schrie ich. »Ich will nur meinen goldenen Kugelschreiber wiederkriegen, den ich gestern hier vergessen habe!«
»Bei uns haben Sie keinen goldenen Kugelschreiber vergessen!« schrie nun auch die Geschäftsführerin. »Das

einzige, was gestern hier vergessen wurde, ist eine grüne Baskenmütze – und die ist nicht aus Gold!«
»Das glaube ich Ihnen«, höhnte ich. »Wenn sie aus Gold wäre, würden Sie wahrscheinlich gar nicht sagen, daß Sie sie gefunden haben! Wo ist mein Kugelschreiber?« setzte ich drohend fort. »Wo haben Sie ihn versteckt? Im Liptauer oder im Sardellenaufstrich?«
»Das ist eine Beleidigung!« tobte die Geschäftsführerin. Und zu den Umstehenden gewandt, denen vor Schreck die Brötchen im Halse steckenblieben: »Sie haben es gehört, meine Damen und Herren! Ich muß Sie bitten, mir als Zeugen zu gehen!« Ich verdrückte mich. Wo war ich gestern noch gewesen? Hab's schon! Bei meinem Schneider!
»Halli, hallo!« begrüßte ich ihn fröhlich. »Ich komme nur wegen des goldenen Kugelschreibers, den ich gestern bei Ihnen verloren habe.«
»Bei mir?« wunderte er sich. »Bei mir haben Sie keinen goldenen Kugelschreiber verloren.«
Ich verzweifelte an der Menschheit. Mein Schneider, Besitzer eines erstklassigen Herrenmodesalons, ein Mann, der immer höflich war, der den Kunden noch als König ansah, zeigte plötzlich seinen wahren Charakter. Wegen eines goldenen Kugelschreibers.
»Erinnern Sie sich«, versuchte ich ihn ohne Gesichtsverlust auf den Weg der Wahrheit zurückzuführen. »Ich habe doch gestern das neue Sakko anprobiert, dazu mußte ich vorher das alte ausziehen, und dabei habe ich meinen goldenen Kugelschreiber verloren.«
»Bei uns nicht«, schüttelte er den Kopf.
»Tun Sie doch nicht so«, sagte ich unwirsch.
»Tun?« entrüstete er sich. »Wie meinen Sie das? Glauben

Sie, daß ich es auf Ihren goldenen Kugelschreiber abgesehen habe? Ich mache mir nichts aus so protzigen Dingen! Wenn ich einen goldenen Kugelschreiber haben will, kann ich mir einen kaufen! Einen? Zehn! Zwanzig! Hundert!«
»Das weiß ich!«, kreischte ich. »Sie sind ja auch teuer genug! Was Sie für einen Anzug verlangen, dafür bekomme ich bei einem andern Schneider *drei* Anzüge!«
»Dann gehen Sie zu einem andern Schneider!« kreischte er zurück. »Gut werden Sie ausschauen – mit Ihrer Figur!«
»Meine Figur geht Sie gar nichts an!« brüllte ich. »Behalten Sie meinen Kugelschreiber! Und den neuen Anzug können Sie auch behalten!« Ich lief auf die Straße.
»So einfach ist das nicht!« rief er mir nach. »Sie haben den Anzug bestellt – Sie werden ihn auch übernehmen! Wenn Sie etwas verloren haben, gehen Sie aufs Fundamt und nicht zu mir!« Das war gar keine schlechte Idee. Ich ging aufs Fundamt.
Auf dem Fundamt zeigte man mir, was gestern alles abgegeben wurde. Es ist nicht zu glauben, was Menschen an *einem* Tag alles vergessen oder verlieren. Da sah ich Regenschirme, Brieftaschen, Damenhandtaschen, Herrenhandtaschen, zwei linke Schuhe, Pelze, Zahnprothesen, eine Ziege und natürlich auch Kugelschreiber. Kugelschreiber aus Plexiglas, aus Plastik, aus Silber. »Und wo ist der goldene?« fragte ich lauernd.
»Wie bitte?«
»Der goldene, den ich gestern verloren habe«, sagte ich und hielt ihm eine Hundertschillingnote unter die Nase.
»Sie werden doch nicht behaupten wollen, daß *ich* mir Ihren goldenen Kugelschreiber unter den Nagel reißen will?«

»Doch! Genau das will ich behaupten! Hier!« Ich zeigte ihm einen zweiten Hundertschillingschein.
»Das ist eine Amtsehrenbeleidigung!« rief er. »Außerdem eine Bestechung! Karl, ruf die Polizei an!« Ich verschwand. Wo war ich gestern *noch* gewesen? Ich zermarterte mir das Hirn. Richtig! Beim alten Pfundner. Der alte Pfundner war ein Rentner, der eine kleine Blumenhandlung führte, die er von seiner Frau geerbt hatte. Er verdiente grad genug, um leben zu können. Deshalb kauften meine Frau und ich vor Weihnachten immer einige Blumenarrangements bei ihm, die er dann an die gewünschten Adressen lieferte. Wir schrieben den 21. Dezember, deshalb war ich gestern bei ihm.
Als ich eintrat, kam Pfundner mir schon entgegen. »Da sind Sie ja!« rief er. »Ich habe mir schon Sorgen gemacht. Ich wußte Ihre Telefonnummer nicht, sonst hätte ich Sie angerufen. Da haben Sie Ihren Kugelschreiber!«
Ich war baff. »*Sie* haben meinen Kugelschreiber?« fragte ich.
»Ja«, erwiderte er. »Sie haben mir die Adressen aufgeschrieben und haben ihn hier liegenlassen.«
Ich hatte Tränen in den Augen, als ich nach Hause ging. Was ist das für eine Welt, in der wir leben? Die beiden Damen, die ich im Verlag aufgesucht hatte, haben bestimmt ein schönes Einkommen. Anton, der Ober, ebenfalls. Sein Chef ist ein vermögender Mann. Der Filialleiter der Bank ist ein Spitzenverdiener, die Geschäftsführerin der Imbißstube ist am Umsatz beteiligt, mein Schneider ist Millionär, die Beamten des Fundamtes, zwei unkündbare Gemeindeangestellte mit vierzehn Monatsgehältern, die die Polizei auf einen Steuerzahler wie mich hetzen wollten – sie alle leugneten, meinen Ku-

gelschreiber gefunden zu haben. Nur der arme, kleine Blumenhändler, der von einem Tag zum andern lebte, hat ihn mir wiedergegeben.

»Das sicherste Mittel arm zu bleiben, ist, ein ehrlicher Mensch zu sein«, sagte Napoleon I.

Jeder Beruf hat seine Begriffe. Z. B. »Glück«. Für einen Büromenschen ist Glück ein kleiner Schreibtisch und ein großer Papierkorb. Nur wer imstande ist, alles wegzuwerfen, was ihm im Weg liegt, ist glücklich. Das kann nicht jeder. Die Dinge auf dem Schreibtisch häufen und häufen sich ebenso wie die Gereiztheit in unserer Brust. Man will weg davon. Immer mehr Menschen fliehen vor ihrem Beruf, und bald wird es heißen:

»Alles aussteigen, bitte!«

Generaldirektor Oberländer beschloß auszusteigen. Nicht aus seinem Mercedes, nicht aus seinem Privatjet, sondern aus der Generaldirektion. Er hatte es satt. Generaldirektor eines Konzerns zu sein ist kein Beruf mehr. Täglich gibt es neue Skandale, und besonders in den höheren Positionen, in den Gipfelregionen des Verdienens, dort wo die Luft bereits anfängt, dünn zu werden, muß man auf der Hut sein. Er selbst hatte eine weiße Weste, aber wer garantiert für die andern? Seine Stellung erfüllte ihn nicht mehr. Er war ein Mensch mit Seele, und so spürte er eine innere Leere, die sich immer mehr ausweitete. Geld und Macht gaben ihm plötzlich nichts mehr, Genuß ödete ihn an, Luxus wurde ihm ein Graus. Er hatte sich am Leben vorbeiverdient – er wollte aussteigen.
Was, dachte er, konnte ihm dieses Leben noch geben? Er hatte alles konsumiert, was ein Erfolgsmensch konsumieren konnte: Ehen und Ehrungen, Luxuswohnungen und Traumvillen, Bankette und Weltreisen, Freunde und Freundinnen, High-Society und höchste Beziehungen. Alles das fand er zum Kotzen. Die einzige Freude, die ihm verblieb, war seine Geige. Mit ihr spielte er sich seine Unlust von der Seele. Aber wie oft kam er dazu? Einige Male im Jahr. Aussteigen, aussteigen war sein Traum, aber er mußte vorbereitet werden. Genauso wie er früher an seiner Karriere gearbeitet hatte, bastelte er jetzt an seinem Ausstieg. Vor allem äugte er nach einer günstigen Gegend, in die er sich zurückziehen konnte. Sie sollte ruhig sein, entlegen, naturbelassen und vor allem: im Lande. Die Versuchung in ein Billigland zu ziehen, um dort irgendwo am Meere, unter Palmen und Kokosnüssen ein romantisches Nichtstuerdasein zu führen, lockte ihn nicht. Er war durch und durch Abendlän-

der und liebte die abendländische Kultur. Und er wollte Zeit haben! Zeit für seine Geige, für seine Bücher, für die Sonne, für ihren Aufgang und für ihren Untergang. Zeit für das Gezwitscher der Vögel und das Summen der Bienen, für den Flug der Falter und für das Gezirpe der Grillen.

Auf einer Geschäftsreise, die ihn durch eine schwer benachteiligte Grenzregion führte, fand er, was er suchte: ein vernachlässigtes Jagdhaus, in dem früher einmal ein Förster gelebt hatte und das der Gemeinde Bachstetten gehörte. Generaldirektor Oberländer nahm sofort Kontakt mit dem Bürgermeister auf. Man besichtigte das Anwesen. Oberländer war begeistert.

Weit und breit keine Infrastruktur, der immens große Grund halb geschenkt – Bachstetten war eine arme Gemeinde, und der Bürgermeister meinte, daß man das wenige Geld zu etwas anderem gebrauchen könne als zur Erhaltung eines Gebäudes, in dem kein Mensch mehr wohnen wolle. Der Kauf wurde abgeschlossen – natürlich, wie alles im Leben Oberländers, unter Zeitdruck.

Als er das nächstemal kam, um das Haus näher zu besichtigen, merkte er erst, daß es keine Anschlüsse gab, weil der Jagdaufseher noch mit einer Petroleumlampe darin gehaust hatte. Auch Wasser gab es keines, der Jagdaufseher hatte es vom nahen Brunnen geholt, aber der Bürgermeister fand, daß das keine Sache sei. In Bachstetten (das sagte er leise), gebe es einige gute Pfuscher. Sein Bruder zum Beispiel sei ein solcher.

Nun hatte Oberländer für seinen Ausstieg ein Dach über dem Kopf, jetzt ging es an das Sanieren. Der Bürgermeister besorgte einen Pfuscher nach dem andern – er hatte *einige* Brüder –, und noch vor dem Winter stand das

Haus wie neu da. Sogar ein Kachelofen für die kalte Jahreszeit war drinnen. Im Frühjahr begann Oberländer mit dem Einrichten, im Sommer wollte er aussteigen. Diese Jahreszeit erschien ihm für sein Vorhaben am günstigsten. Er besprach sich mit den Leuten seiner Bank. Er hatte sein Vermögen in Wertpapieren angelegt, die nun für ihn arbeiten sollten. Oberländer legte größten Wert auf finanzielle Sicherheit. Ein Ausstieg ohne finanzielle Basis, sagte er sich, ist kein Ausstieg, sondern ein Abstieg, und er wollte nicht als gescheiterter Aussteiger reumütig in sein Büro und in die zweiunddreißig Wände seiner Villa zurückkehren. Sein Ausstieg sollte in allem ein solides Fundament haben. Es sollte ein exemplarischer Ausstieg werden.

Das Einrichten seiner Absteige wollte Oberländer allein und mit Liebe bewerkstelligen, aber sein Terminkalender ließ es nicht zu. Er raufte mit jeder Minute, und so ließ er die notwendigsten Stücke wie Tisch, Stühle, Schrank und Bett durch den Bürgermeister besorgen, der einen Schwager hatte, der Möbeltischler war. Natürlich wird er nach seinem Ausstieg sein Haus selbst einrichten.

Mit Beginn des Sommers war es so weit: Generaldirektor Oberländer stieg aus. Frei vom Ballast des Marketings hüpfte er aus dem Bürohaus und warf sich in seinen Wagen. Die Stadt dampfte bereits in der Hitze der ersten Sommertage, der Verkehr brauste, heulte und kreischte durch die Straßenschluchten. Jetzt nur hinaus in den Wald.

Draußen lachte die Sonne vom Himmel und der Bürgermeister vor dem Tor. Er empfing Oberländer im Namen der Gemeinde und fragte ihn, ob er das nötige Brennholz habe.

»Brennholz? Wieso Brennholz?«
»Sie müssen sich doch jetzt das Essen selbst kochen.«
»Das mache ich doch elektrisch.«
»Davon haben Sie nichts gesagt. Ihr Herd ist nur mit Holz und Kohle zu heizen. Außerdem brauchen Sie das Holz für den Kachelofen.«
»Im Sommer?«
»Im Winter. Aber da ist die Wartezeit lange, weil der Bedarf zu groß ist. Keine Sache. Ich habe einen Schwager, der Ihnen das Holz noch heute zustellen wird, und was den Elektroherd betrifft, so habe ich einen Schwager, der ein Elektrogeschäft hat.«
»Wie viele Schwäger haben Sie?«
»Sieben. Alle meine Schwestern sind verheiratet.«
»Da haben Sie sieben Schwestern?«
»Sechs. Eine hat zweimal geheiratet. Wie steht es mit dem Geschirr?« Oberländer hatte nicht daran gedacht. »Keine Sache«, sagte der Bürgermeister. »Meine Schwester, die zweimal geheiratet hat, hat ein Geschirrgeschäft, die wird Ihnen alles liefern. Lebensmittel?«
»Keine.«
»Keine Sache. Mein Neffe besitzt den einzigen Supermarkt im Ort – er wird Ihnen täglich alles zustellen, was sie brauchen. Haben Sie Säge, Hammer, Schraubenzieher und so weiter?«
»Nein.«
»Das müssen Sie haben. In einem Haus gibt es immer etwas, das man selbst reparieren muß. Nehmen Sie an, Sie haben einen Rohrbruch. Ich habe einen Schwager, der Installateur ist, aber der ist zwei Stunden von hier entfernt. Keine Sache. Ich werde alles für Sie erledigen.«
Der Bürgermeister ging, Oberländer war allein. Er sah

nach der Uhr. Vier Uhr nachmittags. Jetzt würde er im Büro der ersten Sekretärin noch ein paar Briefe diktieren, die zweite würde mit der Mappe kommen und um die Unterschriften bitten, die dritte würde dauernd das Telefon durchstellen, und *er* würde wieder einmal einen Wutanfall bekommen. Und hier? Genüßlich trat er an das Fenster. Die Sonne bummelte in den Spätnachmittag hinein, die Vöglein zwitscherten, die Bienchen summten – ganz wie er es sich vorgestellt hatte. Eben wollte er die Geige aus dem Geigenkasten nehmen, als das Holz eintraf. Der Schwager des Bürgermeisters, der den Holzhandel betrieb, hatte wenig Zeit, und so mußte Oberländer mithelfen, das Holz in der wackeligen Scheune, die sich bei dem Haus befand, zu schlichten. Hacken mußte er es allein – eine Arbeit, die er nie zuvor gemacht hatte. Als er genügend Späne beisammen hatte, steckte er sie in den Herd, nach einigen mißglückten Versuchen gelang es ihm sogar, ein Feuer zu entfachen – aber wozu? Als die Flammen lustig loderten, fiel es ihm erst ein, daß er nichts im Hause hatte, was er hätte kochen können. Egal. Er nahm die Geige aus dem Geigenkasten, aber noch ehe er den Bogen ansetzen konnte, war er so müde und hatte solche Kreuzschmerzen vom Holzhacken, daß er ins Bett fiel und einschlief.

Am nächsten Morgen langten die ersten Lebensmittel ein. Oberländer wollte sich eben ein voluminöses Frühstück machen, die Vöglein zwitscherten, die Bienchen summten, die Grillen zirpten, und der Elektroherd kam. Natürlich war der Anschluß nicht in Ordnung. Der Schwager des Bürgermeisters, der das Elektrogeschäft hatte, holte den Schwager des Bürgermeisters, der Installateur war, die beiden stritten eine Stunde lang herum und brauchten den ganzen Vormittag, um den Anschluß richtig herzustellen. Oberländer, der bereits etwas verärgert war, beruhigte sich wieder. Durch solche Kleinigkeiten wird er sich sein Aussteigertum nicht verleiden lassen. Schließlich hatte sich sein Traum erfüllt. Die Vöglein zwitscherten, die Bienchen summten, die Grillen zirpten – was wollte er mehr? Er trank ein Glas Milch und aß ein Butterbrot – es war herrlich! Er war in der richtigen Stimmung zum Musizieren. Er nahm die Geige aus dem Geigenkasten und wollte spielen, da kam der Schwager des Bürgermeisters, der den Holzhandel betrieb, und brachte die Rechnung für das Holz. Er riet Oberländer, sich einen Gemüsegarten anzulegen. »Selbstangebautes Gemüse ist gesünder und billiger, außerdem sind Sie von niemandem abhängig, wenn ein Krieg kommen sollte.« Oberländer sah das ein. Er ließ sich von dem Schwager des Schwagers des Bürgermeisters alles kommen, was dieser für nötig hielt: Spaten, Rechen, eine Haue, Gießkanne, Pflanzen, Samen usw. Kaum war alles eingelangt, als er sich auch schon an die Arbeit machte. Am Abend hatte er a) die Erde umgesteckt, b) die Aussicht auf biologisches Gemüse und c) einen Sonnenbrand.

Am Morgen kam der Bürgermeister, lobte den Gemüsegarten, fand aber, daß ein Zaun dazugehöre. Keine Sache! Sein Sohn würde das machen. Der Sohn machte den Zaun, ein zweiter Sohn stellte eine Bank auf, ein dritter reparierte die Straße, die durch ein Unwetter ins Rutschen gekommen war. Dann hielten alle drei die Hand auf, was eine Spezialität der bürgermeisterlichen Familie sowie ihrer Schwäger zu sein schien.

Am folgenden Tag (in der Nacht hatte es geregnet) riet

der Bürgermeister zum Bau einer Garage. Oberländers Wagen könne nicht bei jedem Wetter im Freien stehen. Keine Sache! Der Schwiegervater des Bürgermeisters werde das machen. Die Garage war noch nicht fertig, als die wackelige Scheune zusammenfiel. Oberländer mußte eine neue hinstellen lassen. Ein Neffe des Bürgermeisters – und so weiter.

Eines Tages kamen in einem alten Wagen zwei junge Männer angefahren: Reporter der Lokalzeitung. Sie baten Oberländer um ein Interview, natürlich mit Fotos. Oberländer wurde im Liegestuhl fotografiert, beim Lesen eines Buches, beim Geigenspiel – lauter Dinge, zu denen er bis heute nicht gekommen war. Die Zeitung wies Oberländer ein bescheidenes Honorar an.

Drei Tage später – Oberländer wollte eben die Geige aus dem Geigenkasten nehmen – erschien ein Herr, diesmal in einem schnittigen Wagen. »Beckmann«, stellte er sich vor. »Horst-Dieter Beckmann, Besitzer des Beckmann-Verlags. Habe zufällig Ihr Interview gelesen. Muß sagen, bin begeistert. 'n Musterausstieg. Denke selbst an einen solchen. Wollen Sie nicht ein Buch darüber schreiben? Zeit haben Sie doch jetzt genug dazu.« Er bot Oberländer einen größeren Vorschuß an und überreichte ihm gleich einen Scheck. Oberländer sagte zu. Die Geige legte er in den Geigenkasten, den Geigenkasten in den Schrank. Er schrieb die ganzen langen Wintertage – das Buch wurde ein Bestseller. Oberländer wurde mit Leserzuschriften überhäuft, die er alle persönlich beantwortete. Auch Heiratsanträge bekam er. Ein noch prominenterer Verleger erschien. »Boller«, stellte er sich vor. »Hans-Joachim Boller, Besitzer des Bollerverlages. Habe Ihren Aussteigerhit gelesen. Bin begeistert. Möchte

ein Buch mit Aussteiger-Aphorismen herausgeben. Titel ›Ausstieg – Einstieg ins Leben‹.« Er gab Oberländer einen noch größeren Vorschuß als der Beckmann-Verlag. Oberländer schrieb Tag und Nacht. Das Buch wurde ein Welterfolg, übersetzt in alle Sprachen, einschließlich ins Suahelische.
Gleich darauf erschien ein berühmter Filmemacher. »Ich habe Ihren Aussteigeknüller gelesen«, sagte er. »Beide Bände. Ich möchte einen Film darüber drehen.« Er bot Oberländer einen Riesenvorschuß. In Oberländer erwachte der alte Wirtschaftsboß – er konnte nicht nein sagen. Er hatte inzwischen eine Menge Personal im Haus. Eine Köchin, eine Wirtschafterin, ein Mädchen für die gröberen Arbeiten, einen Gärtner, einen Butler sowie einen Sekretär, der die Fanpost zu erledigen hatte. Oberländer nahm sich das Recht, das Drehbuch selbst zu schreiben und die Hauptrolle zu spielen, und zwar spielte er nicht nur den Ausstieg, sondern auch den Traum von seinem Ausstieg. Der Film bekam fünf Oscars, den sechsten bekam Oberländer für seine Darstellung. Im Fernsehen erschien der Film als Serie in dreizehn Teilen. Bachstetten flimmerte über die ganze Welt und wurde bald so bekannt wie die Mozartstadt Salzburg. Touristen kamen, Hotels wurden gebaut, Reisearrangements getroffen, Festspiele abgehalten.
Oberländer konnte sich der gesellschaftlichen Verpflichtungen nicht mehr erwehren. Er wurde zu Parties geladen, wurde von Kontinent zu Kontinent gereicht, als Aussteiger mit Herz, als Aussteiger mit Hirn, als erfolgreicher Buchautor, als bester Laienspieler, als, als, als ...
Oberländer verlor an Gewicht, er bekam Magengeschwüre, litt unter Depressionen. Und eines Tages erin-

nerte er sich mit Wehmut, wie schön und ruhig er es doch als Generaldirektor gehabt hatte. Und er stieg aus und stieg wieder ein. In sein Büro im fünften Stock. Seine Geige schenkte er in einem großen Festakt dem Oberländer-Heimatmuseum von Bachstetten. Er bekam das Ehrenkreuz, das Verdienstkreuz und alle Orden, die sein Land zu vergeben hatte.

Zufriedenheit ist das, was man nicht hat. Hat man sie, ist man mit ihr nicht zufrieden.

»Wenn jetzt eine Fee ins Zimmer träte«, sagte die Frau zum Mann, »und dir sagte, daß du dir etwas wünschen darfst – was würdest du dir wünschen?« Drauf der Mann: »Daß sie mir den Knopf an meinen Mantel annäht.« Ein alter Witz. Aber es gibt Wünsche. Wünsche der Eltern, wenn ein Kind zur Welt kommt, Wünsche am Traualtar, Wünsche vor dem Sterben. Und, wie ich hörte, soll es auch im ewigen Leben Wünsche geben. Wünsche, Wünsche,

Wünsche

Kennen Sie Strelitzer? Sie kennen ihn nicht? Strelitzer ist einer meiner Kollegen. *War* einer meiner Kollegen. Strelitzer ist gestorben und gleich darauf zum Himmel gefahren. Er erwartete, zu einem in gleißendem Sonnenlicht liegenden großen Tor zu kommen, welches sich auftun und ihn einlassen würde. Eine mächtige Orgel würde ertönen, begleitet von zarten Engelsstimmen und sphärischen Harfenklängen, Petrus persönlich würde ihm entgegenkommen und ihn willkommen heißen. Nichts von alledem. Schon das Tor war eine Enttäuschung. Es war nicht aus Wolken, wie er es sich vorgestellt hatte, sondern aus gewöhnlichem Holz. Aus dem Holz, aus dem man Tore macht. Rechts an der Mauer war eine Sprechanlage mit Namen wie Michael, Raphael, Gabriel, Uriel usw., links eine zweite mit dem Schild »Pförtner«. Strelitzer drückte auf den Klingelknopf. »Wer ist da?« fragte eine gütige Stimme.

»Ich«, antwortete Strelitzer. »Heinz Strelitzer. Ich bin eben gestorben.«

»Du mußt einen Moment warten«, sagte die gütige Stimme, »wir haben heute sehr viele Anreisen.«

Strelitzer wartete. Fünf Minuten, zehn Minuten, fünfzehn Minuten, zwanzig Minuten. Endlich ging das Tor auf. Strelitzer trat ein. Er sah sich erstaunt um. Da gab es freundliche Häuser mit gesunden Bäumen davor, keine Betonklötze, duftende Blumen, Vogel- und Schmetterlingsarten flatterten herum, die auf Erden längst ausgestorben waren, Engel, die vorüberflogen, lächelten ihm zu – es war eine gefällige Gegend. Eine Gegend, wie man sich keine schönere wünschen konnte. Nur die Musik. Die Musik war nicht so, wie er es erwartet hatte. Da gab es keine Orgel, keine Engelsstimmen, keine Harfenklän-

ge – statt dessen Popmusik, die ihm schon auf Erden nicht zugesagt hatte.
Ein sympathisch aussehender Herr in einer weißen Tunika mit einem Heiligenschein über dem Kopf kam ihm entgegen. Es war Petrus.
»Willkommen!« sagte er. »Du siehst dich so erstaunt um. Was hast du dir erhofft?«
»Wenn ich ehrlich sein darf – eine würdigere Musik.«
»Ich verstehe«, lächelte Petrus. »Die berühmten Sphärenklänge. Die hörst du später. Wir haben seit der Raserei mit den Autos, seit dem Wahnsinn mit dem Leistungssport viel Jugend hier. Die will sich auch im Himmel fühlen und ist schon bös, wenn ihre Seele nicht mit dem Skilift befördert wird. Die Sphärenmusik haben wir im Abendprogramm. Heute zum Beispiel singt der Caruso, der Toscanini dirigiert, und der Bach sitzt an der Orgel. Aber wir haben, quasi als Dienst am Kunden, eine Neueinführung. Ein völlig neues Himmelgefühl. Jede Seele, die wir aufnehmen, darf am ersten Tag drei Wünsche tun.«
»Das ist himmlisch!« freute sich Strelitzer. »Da tue ich gleich den ersten Wunsch. Ich möchte, wenn es möglich ist, meine Freunde sehen, die vor mir gestorben sind.«
»Nichts leichter als das«, sagte Petrus. »Siehst du dort die Wolke, auf der ›Einbahnstraße‹ steht? Da gehst du rechts hinein und immer geradeaus, bis du zum Café Elysium kommst. Dort sind sie.«
»Danke«, sagte Strelitzer und ging. Im Elysium saßen sie bereits beim Kartenspiel: Meier, Mahler, Lachmann und Stössel. Als sie ihn sahen, sprangen sie auf und umarmten ihn. »Wenn du willst«, sagte Stössel, »kannst du gleich kiebitzen.«

»Nicht bei mir«, brummte Lachmann. »Ich brauche keinen Kiebitz.«
Strelitzer wunderte sich. »Ihr redet vom Kartenspielen?« fragte er. »Seid ihr denn gar nicht neugierig, was auf der Erde los ist? Was eure Witwen machen? Eure Kinder? Eure Geschäfte?«
»Das interessiert uns nicht mehr«, meinte Meier. »Wir haben hier kein Interesse an irdischen Dingen.«
»Ihr wollt auch nicht wissen, wieso ich schon im Himmel bin? Ich war doch noch zu jung, um zu sterben.«
»Wenn du willst, erzähle«, forderte Lachmann ihn auf. »Vergiß aber nicht, daß das schon dein zweiter Wunsch ist, weil es ansonsten verboten ist, hier über derlei Dinge zu reden.«
»Grad jetzt«, ärgerte sich Mahler, »wo ich so ein gutes Blatt habe.«
Sie setzten sich hin, und Strelitzer begann zu erzählen. Wie er seinen Arzt getroffen hatte, wie ihn der Arzt gefragt hatte, wie es ihm gehe, wie er dem Arzt gesagt hatte, es gehe ihm ausgezeichnet, wie ihm der Arzt gesagt hatte, da habe er ein Mittel dagegen, wie er dann wirklich krank wurde, wie man ihn operierte, eine Stunde, zwei Stunden, drei Stunden – plötzlich sprang er auf: »Wißt ihr, was ich jetzt möchte? Noch *einen* Blick auf die Erde tun!«
»Das ist dann dein dritter Wunsch«, erinnerte ihn Stössel und rief einen Engel, der hier im Kaffeehaus anscheinend die Dienste eines Obers versah. »Hier neue Seele«, sagte Stössel in gebrochenem Deutsch, »möchte Blick auf Erde tun. Ein Jugoslawe«, erklärte er Strelitzer. »Gastarbeiter.«
»Du mitkommen«, winkte der Engel aus Zagreb und

führte Strelitzer zu einem großen Fernrohr. Die andern vier folgten. »Da – du durchschauen.«
Strelitzer sah durch das Fernrohr – plötzlich begann er zu lachen, und lachte und lachte und hörte nicht auf.
»Was hast du?« erkundigte sich Meier.
»Fragt mich nicht«, stöhnte Strelitzer und hielt sich die Seite. »Jetzt bin ich zum Himmel geflogen, habe fast eine halbe Stunde auf Petrus gewartet, bin hierher gegangen, um euch zu sehen, rede seit einer Stunde mit euch, habe durch das Fernrohr auf die Erde geschaut, habe einen Blick in die Klinik geworfen, in der meine Operation durchgeführt wurde – –«
»Und?« fragten die andern.
Strelitzer begann wieder zu lachen. »Die operieren mich noch immer!«

Es gibt Chirurgen, die keine Schwierigkeiten kennen, außer jenen, die ihnen die Krankenkassa macht.

Somerset Maugham sagt: »Geld ist wie ein sechster Sinn, ohne den man die anderen fünf nicht gebrauchen könnte.« Er hat recht. Was nützen die besten Ideen, die größten Erfindungen, wenn man nicht das nötige Kapital hat, um sie durchsetzen zu können? Immer schon gab es Inserate: Geldgeber gesucht. Heute las ich etwas Neues:

Geldgeber für das All gesucht

Geld ist nicht alles, aber viel, wenn man eine Kreditkarte hat. Ich möchte sagen: Geld ist out, Kredit ist in.
Die Welt ist verschuldet. Wer heute bar bezahlt, macht sich verdächtig. Der Fußgänger lebt gefährlich. Überall begegnet er einem Gläubiger. Es beginnt schon beim einzelnen Bürger, der von Pump lebt, und geht weiter über Gemeinden, Bundesländer und Staaten, die bis über die Ohren in Schulden stecken. Selbst die Supermächte sind Schuldner. Superschuldner. Dazu kommt noch ein Kuriosum, welches gerade der Mann, der vom Sparen etwas versteht, *nicht* versteht: nämlich, daß Staaten, denen das Wasser bis zum Hals steht, anderen Staaten horrende Kredite gewähren. Man sagt, daß man aus einem leeren Sack nichts geben kann, wieso dann aus einer hundertmal leeren Staatskasse? Gut, da sind die Steuerzahler, und das einzige, was heute schlimmer ist als arm zu sein, ist reich zu sein. Aber die machen es auch nicht aus. Das Geld des Steuerzahlers reicht für den Straßenbau, für die Autobahnen, für die Ministerpensionen – aber nicht für die Finanzierung anderer Staaten. Und doch lebt einer vom andern und anscheinend gut. Ich begreife es nicht, und viele andere auch nicht. Wenn *ich* kein Geld habe, borge ich von meinem Schwager, wenn mein Schwager kein Geld hat, borgt er von seinem Freund, wenn sein Freund kein Geld hat, borgt er von seinem Onkel – aber irgendeinmal werden wir das Geborgte zurückzahlen. Die Regierungen denken nicht daran. Wenn die Franzosen kein Geld haben, gehen sie zu den Deutschen, wenn die Deutschen kein Geld haben, gehen sie zu den Engländern, wenn die Engländer kein Geld haben, gehen sie zu den Amerikanern, wenn die Amerikaner kein Geld haben – halt, werden Sie sagen, die Amerikaner haben

immer Geld. Das stimmt nicht. Auch die Amerikaner haben Schulden. Ich weiß nicht bei wem, aber sie haben welche. Wenn die Zahlungstermine kommen, zahlen sie wohl alle die Zinsen, aber vom Kapital ist keine Rede. Wenn sie sparen würden, stünden sie vielleicht besser da, aber wer spart heute schon? Wird in irgendeinem Staat schon einmal vom Sparen gesprochen, bringt man Sparvorschläge ein und diskutiert sie, ist das Ende immer das gleiche. Alle sind sofort zum Sparen bereit, wenn die anderen damit anfangen. Da sich aber *alle* zu den *allen* zählen und keiner zu den anderen, kommt es nie zu einem Beginn.

Es ist ja auch schwierig. Wo soll man in einem Staat, in dem uns die Regierenden immer erzählen, wie gut es uns geht, mit dem Sparen anfangen? Beim Bauwesen? Das würde Arbeitsplätze kosten.

Beim Schulwesen? Da müßten sich die Schüler bequemen, ohne Gratisaufwand etwas zu lernen. Bei der Errichtung neuer Wohnungen? Das wäre unsozial. Bei der Landesverteidigung? Das wäre unverantwortlich. Beim Gesundheitswesen? Da sind gerade die dagegen, die am ungesündesten leben. Es geht also nirgends, und die Welt muß sich weiter mit wachsenden Schuldenbergen um die Sonne drehen. Aus diesem Dilemma half ein purer Zufall.

Ein Amateurfunker bekam Kontakt mit einem anderen Planeten. Nach langem Hin und Her – der Verständigungsmodus war gar nicht so einfach – stellte es sich heraus, daß dieser Planet aus den teuersten Edelmetallen bestand, besonders aus Gold, während gewöhnliche Erde, die Frucht trägt, nur in geringen Mengen vorkam. Man nützte jedes Fleckchen Erde für den Anbau, Erde war

auch die einzige Deckung für die Währung des Planeten – Gold hingegen wurde nur als Schotter verwendet.
Kaum hatten die Supermächte von den Funksprüchen erfahren, waren sie sich sofort einig: Die Sache mußte genützt werden. Spannungen, Krisen und Eiszeiten waren verschwunden – das gemeinsame Gold brachte Einhelligkeit. Sofort wurde eine welthistorische Depesche in den Weltraum geschickt. Vorschlag: Der Planet möge mit seinen riesigen und für seine Bevölkerung wertlosen Goldlagern unsere Währungen decken, wir dagegen würden mit unserem Überschuß an Erde die Währung des Planeten aufwerten. Der Austausch gelang. Es kam eine Botschaft, daß etliche tausend Tonnen Gold und andere Edelmetalle zur Verfügung stünden und bereits unterwegs wären, worauf wir dem Planeten im Austausch dreitausend Tonnen Erde hinaufschickten.
Der Jubel auf der Welt war groß. Die Währungen aller Staaten waren mit einem Schlag saniert, die Schuldenberge wurden getilgt, die Regierungen konnten mit neuen Wirtschaftsplanungen beginnen. Die Supermächte beendeten die friedliche Aufrüstung, die Staatsmänner der ganzen Welt konnten endlich Versprechungen erfüllen, die sie schon lange gegeben hatten, und neue hinzufügen. Auch die Völker hatten Geld. Ein Leichtsinn brach aus, wie es ihn noch nie zuvor gegeben hatte. Die Menschen tanzten auf den Straßen, sie umarmten und küßten sich, Goldstücke wurden wie Konfetti in die Luft geworfen – *das* war das Leben! Es dauerte nicht lange. Im Nu war die Welt wieder verschuldet, die alte Zwietracht brach wieder aus, die eine der beiden Supermächte fand, daß sie dem Planeten mehr Erde gegeben hatte als die andere, die andere behauptete das Gegenteil, beide rüsteten wieder

auf, die Erde teilte sich von neuem in zwei Lager, die Vernünftigen baten den Planeten um neues Gold gegen neue Erde.
Aber was war dort oben inzwischen geschehen! Die Erde war verteilt worden, man hatte Getreide angebaut und Wälder gepflanzt, hatte Halme und Bäume vergiftet, um sie gegen die Vögel zu schützen, man hatte den Tieren ihren Lebensraum genommen, hatte die Bäume abgeholzt, um Skipisten zu bauen (die Bevölkerung des Planeten huldigte demselben Sportwahnsinn wie wir), die nützlichen Tierarten starben aus, die Schädlinge vermehrten sich, eine neue Käferart fiel über das Gold her und fraß es auf. Der Planet war arm geworden.
Auf der Erde gab wieder ein Staat dem anderen Kredit, obwohl er selbst nichts hatte. Man berief eine Weltkonferenz ein, auf der man beschloß, der Käferplage auf dem Planeten Herr zu werden. Dazu brauchte man aber Geld – und so kam es, daß ich das Inserat in der Zeitung las: Geldgeber für das All gesucht.

Gott wußte, was er tat: Wenn jedermann reich wäre, wäre die Welt ärmer.

Menschen, die im Glashaus sitzen, sind die interessantesten Nachbarn. Die folgende Geschichte hat wohl mit einem Nachbarn, aber nichts mit Glashäusern zu tun. Warum dann der erste Satz? Weil er mir so gut gefällt. Die Geschichte, die Sie jetzt lesen werden, vorausgesetzt, daß Sie das Buch nicht zuklappen, auf das Nachtkästchen legen und sich auf die andere Seite drehen – doch dazu muß ich etwas sagen. Ich weiß nicht, ob es Ihnen auch so geht, aber die meisten meiner Leser erzählen mir, daß Sie meine Werke am liebsten im Bett lesen. Warum? Weil man bei den kleinen Satiren jederzeit aufhören kann und ruhig zu schlafen vermag, ohne denken zu müssen, wie wird das ausgehen? Ich wollte eines meiner Bücher schon einmal »Bettgeschichten« nennen, aber einer meiner Kollegen war mir zuvorgekommen. Sein Buch wurde, nur wegen des Titels, ein Bestseller, er machte damit ein Vermögen. Wenn man den Band aufschlug, fühlte man sich allerdings betrogen. Da stand: »Bettgeschichten« und in der Klammer (Geschichten im Krankenbett zu lesen). Recht geschieht den Lesern, wenn sie auf einen solchen Titel hereinfallen. Ich würde mir nie ein Buch mit einem derartig schmutzigen Titel kaufen – ich bekomme es vom Verlag geschenkt.

Genug. Die Geschichte, die jetzt folgt, besteht in der Hauptsache aus einem Brief und heißt:

Ladi schreibt an einen Nachbarn

Jede Mutter glaubt, das beste Kind zu haben. Ich kann das bei allen Müttern verstehen, nur nicht bei meiner Schwägerin Hermine Goldmann. Ihr Kind ist mein Neffe Ladi. Wer ihn noch nicht kennt – es gibt ja Leser, die erst bei diesem Buch einsteigen –, denen will ich ihn schildern.

Ladi war das einzige Kind seiner Eltern, und das ist schlecht. Hat man z. B. vier Kinder, bleibt einem immer noch die Hoffnung, daß eines von ihnen besser werden könnte, als es die andern drei sind. Ladi war ein schlimmes Kind. Er war überall dabei. Gab es eine Keilerei mit einem andern Jungen und schrie sein Vater: »Schämst du dich nicht? Schau, wie du aussiehst! Dein Auge ist blau, dein Gesicht ist zerkratzt, dein Hemd ist zerrissen, deine Hose ist zerrissen!« Dann sagte er strahlend: »Da solltest du erst den andern sehen!« Ladi entwickelte keinen Wissensdurst, er entwickelte keine Lernbegierde – das einzige, was er entwickelte, war sein Appetit. Zum Glück befand er sich in jenem beneidenswerten Alter, in dem man um sein Gewicht zu reduzieren, nur ein Bad zu nehmen braucht. Und doch beneidete ich meinen Schwager und meine Schwägerin um ihren Jungen. Es gibt Situationen, in denen man ohne Kind verloren ist. Befindet man sich z. B. auf einer Party, und die anderen reden von Masern und Mumps, steht man da wie ein Trottel.

Doch was war geschehen? Ladi hatte sich, wie seine Eltern mir besorgt berichteten, total verändert. Er war still geworden, er ging nachdenklich im Haus herum – apropos Haus! Habe ich erzählt, daß Ladis Eltern ein kleines Sommerhäuschen in Kritzendorf besitzen? Entschuldigung, ich habe es vergessen. Kritzendorf ist ein kleiner Ort an der Donau, der teils von Menschen, teils von

RANG

Moskitos bewohnt wird. Haben Sie etwas gegen Moskitos? Ich nicht. Wie alles und jedes in der Natur haben auch Moskitos ihre liebenswerten Eigenschaften. Moskitos sind z. B. die einzigen Wesen, die Mädchen mit dicken Beinen lieben. Aber zurück zu Ladi. Seine Eltern haben also ein kleines Sommerhäuschen in Kritzendorf, in dem Ladi seit Tagen still und nachdenklich herumgeht. Was war geschehen? Ich sollte es aus ihm herausbekommen, und bald hatte ich ihn soweit. Sein Lehrer hatte die Klasse aufgefordert, jetzt – es war einige Wochen vor Ostern – in sich zu gehen, zu allen Menschen gut zu sein, sich mit allen, mit denen man bös war, zu versöhnen und sie, wenn man sich schuldig fühlte, um Verzeihung zu bitten. Ich fand das sehr schön von dem Lehrer – aber da war Herr Pokorny. Habe ich schon von Herrn Pokorny erzählt? Nein? Entschuldigung, Herrn Pokorny habe ich auch vergessen.

Herr Pokorny hatte ebenfalls ein Sommerhäuschen in Kritzendorf und – wie es der Teufel wollte – gerade neben dem von Ladis Eltern. Herr Pokorny war ein ausgesprochener Kinderfreund, was sich aber schlagartig änderte, als er Ladi kennenlernte. Heute stehen sie nicht einmal mehr auf Grußfuß miteinander. Ladi hatte ihm allerhand angetan, aber Pokorny hatte es niemals widerspruchslos hingenommen. »Nein«, sagte Ladi entschieden, »Herrn Pokorny um Verzeihung bitten – das kann ich nicht.«

»Dann werde ich dir einen Rat geben«, sagte ich. »Setz dich hin und schreibe ihm einen Brief.«

»Das werde ich tun«, versprach Ladi.

Und wirklich. Einige Tage später, als er allein im Hause war, schrieb er an Herrn Pokorny. Ich hoffe, daß Sie das

Schreiben lesen können. Ladi steht mit Orthographie und Grammatik auf Kriegsfuß, und so wird es nicht allzu leicht sein. Grammatik ist eben nicht jedermanns Sache, und es gibt Wesen, welchen man keinen Vorwurf darob macht. Nehmen Sie nur den Uhu. Niemand findet etwas dabei, daß der Uhu, wenn er eine Beute sieht, »Uhu!« sagt, statt »Aha!« Aber zur Sache. Hier ist der Brief:

Ser geherter Her Bogorny!
Indem daß wir bald Ostern das liebliche Fest habn und indem daß uns unser lieber Herr Lehrer gesagt hat daß wir mit alen Menschen Frieden machen solen und indem daß Sie vielleicht auch ein Mensch sind möchte ich mit Ihnen Frieden machen.
Ich bitte Sie um Verzeiung daß ich meinen Fußball in Ihre Rosen geschmissen habe und ich bitte Sie um Verzeiung daß Sie mir dafir einen Stein an den Kopf geschmissen habn. Ich bitte Sie auch um Verzeiung daß Sie mir »Lausbub elender« nachgerufen habn was Sie sicher nur getan hab'n weil ich zu Ihnen »alter Depp« gesagt habe. Ich habe es nicht so gemeint weil Sie sind ja gar nicht so alt. Ich bitte Sie auch um Verzeiung daß mich Ihr Hund in die Wade gebissen hat er kann ja nichts dafir er ist ein Hund und weiß nicht was er tut. Außerdem habe ich ihn mit dem Lasso fangen wolen was er nicht wolen hat.
Ser geherter Her Bogorny! Ich bitte Sie um Verzeiung daß der Her Silbermann gesagt hat daß Sie ihn als Schwiegersohn wolen. Er hat gesagt er ist beim Klub der Einsamen aber so einsam daß er Ihre Tochter heiratet ist er nicht. Worauf ale gelacht haben. Worauf auch ich gelacht habe. Worauf mir mein lieber Vatter eine Ohrfeige

gegeben hat weil ein Kind über so was nicht zu lachen hat. Worauf ich geweint habe. Ich bitte Sie um Verzeiung daß Ihre Tochter so schiach ist und daß sie nichts dafir kann weil sie Ihnen änlich schaut.
Ser geherter Her Bogorny! Ich bitte Sie um Verzeiung daß ich als Sie gerade in der Badehose in Ihrem Garten im Liegestuhl lagen und die Ruhe pflegen wollten einen Blastiksack mit Bienen hineingeschmissen habe. Es hat mir ser leid getan unser lieber Her Lehrer hat uns am näxten Tag gesagt daß eine Biene nur einmal stechen kann dann stirbt sie. An jenem Tag sind allein auf Ihrem Körper zwanzig Bienen gestorben was ich ser bedauert habe. Meine liebe Mutter hat meinen lieben Vatter zum Fenster gerufen und hat gesagt: Schau dir den blöden Bogorny an der tanzt in der Badehose im Garten herum worauf ich sagte daß Sie nicht tanzen und daß Sie nur so herumhipfen weil ich die Bienen auf Sie losgelassen habe. Worauf mir mein lieber Vatter wieder eine Ohrfeige verabreichte. Dieselbe tat wieder ser weh so daß ich abermals weinte worauf mein lieber Vatter und meine liebe Mutter miteinander stritten worauf sie ihn einen Grobian nannte, worauf er das Haus verließ.
Ser geherter Herr Bogorny! Ich bitte Sie um Verzeiung daß gestern als Sie mit Ihrem Wagen in die Stadt fahren wollten ein Reifen blatzte. Ich habe ihn nicht aufgestochen ich schwöre es sondern mein Freund der Karli dem was ich es angeschafft habe. Der Karli ist der Son von unserem lieben Gärtner der was in unserem Garten die lieblichen Blumen zum bliehen bringt und der was die Äste von den Beimen schneidet. Neilich ist er dabei heruntergefalen und direkt auf unseren elektrischen Rasenmäher der was darauf sofort ins rasen anfing wobei er unserem

lieben Gärtner eine Wunde versetzte worauf der Karli bitterlich weinte weil ihm sein Vatter versprochen hatte mit ihm ins Kino zu gehen was aber nicht ging weil ihn die Wunde am sitzen hinderte.

Sehr geherter Her Bogorny! Ich bitte Sie um Verzeiung daß ich Ihnen diesen Brief schreibe. Ich sitze dabei bei dem Fenster von wo aus man Ihr liebliches Haus sieht was das schönste in der ganzen Gegend ist. Schade daß ein Feuer ausgebrochen ist und daß seit zehn Minuten das Dach brennt.

Mit freindlichen Grießen
Ihr
Ladi Goldmann.

Wenn wir unser Leben wie einen Film zurückdrehen könnten, würden wir mit Staunen sehen, was so mancher angesehene Staatsbürger in seiner Jugend für ein Lausbub war.

Es gibt zwei Klassen von Menschen, die sich Sorgen wegen ihres Geldes machen müssen. Das sind die, die zuviel, und die, die zuwenig haben. Die ersteren fragen sich, wie kommt man zu Geld – die letzteren, wie behält man es? Köhler war beides gewesen:

Arm und reich

Köhler war arm. Köhler war sehr arm. Köhler war so arm, daß er sich ein Stück Brot zum Frühstück und ein Stück Wurst zum Mittagessen kaufte und beides am Abend aß. Ein schöner Satz! Leider ist er nicht von mir, sondern von einem gewissen Strickland Gillilan. Möge er mir verzeihen, daß ich ihn hier zitiere.

Köhler war arm. Köhler war zu allem bereit. Er wollte es den Millionären in den Vereinigten Staaten gleichtun, die ihre Karrieren als Zeitungsverkäufer oder Tellerwäscher gestartet hatten. Man lachte ihn aus. Der Verkauf von Zeitungen war, einem ungeschriebenen Gesetz zufolge, das Vorrecht der Gastarbeiter – und Tellerwaschen? Wozu hatte man die Geschirrspülmaschinen? Damit war es also nichts.

Köhler war arm. Köhler sah ein, daß es so nicht weitergehen konnte. Er war zu allem bereit. Eines Tages zog er seine Jacke aus, streckte die Hemdsärmel hoch und heiratete eine reiche Frau. Sie hieß Elisabeth und lernte ihn kennen, als sie ihn eines Nachts mit ihrem Rolls-Royce auf der Straße niederstieß. Daß Köhler den Unfall absichtlich herbeigeführt hatte, wußte sie nicht. Sie nahm ihn in ihr Haus, pflegte ihn und heiratete ihn.

Köhler war reich. Köhler war sehr reich. Köhler war so reich, daß er für jeden Zahn einen eigenen Dentisten hatte. Auch ein schöner Satz, aber leider auch nicht von mir, sondern von einer gewissen Sophie Tucker. Köhler führte die Geschäfte seiner Frau, die sich von Europa über Amerika bis nach Asien erstreckten. Sie besaß ein Vermögen. Köhler verdoppelte es. Dann begann er zu spekulieren und verspekulierte sich. Die Aktien, die er erworben hatte fielen, die Investitionen, die er machte, erwiesen sich als Fehlschläge, er mußte ein Unternehmen nach dem andern verkaufen, er nahm Kredite auf, die er nicht zurückzahlen konnte – er war pleite. Noch wußte es niemand außer seiner Frau Elisabeth.

Köhler war wieder arm. Köhler war sehr arm. Armut ist keine Schande, das ist aber auch das einzige Günstige, was man von ihr sagen kann. Das ist auch ein schöner Satz, und der ist von mir. Köhler hatte eine Idee. Er lud alle seine Gläubiger und Kreditgeber zu einem feierlichen Abendessen in sein Haus. Ohne Damen. Auch Elisabeth war nicht anwesend. Die Gäste erschienen in Smokings und Dinnerjacketts, Köhler wurde begrüßt, umarmt, »bester Freund« genannt – noch hielt man ihn ja für den großen Geschäftemacher, dessen Reichtum auf jeden abfärbte, der in seine Nähe kam.

Das Dinner war köstlich, die Weine waren hervorragend, der Champagner hob die bereits angeheizte Stimmung – da, bevor der Mokka kam, klopfte Köhler an sein Glas, es trat Ruhe ein, er erhob sich und sprach:

»Meine lieben Gäste! Sie werden sich fragen, aus welchem Grund ich Sie heute zu diesem Essen geladen habe. Es war ja schon öfter der Fall, daß ich Sie bat, mit mir zu speisen. Meist wurde dabei der Abschluß eines neuen Vertrages gefeiert, eines großen Geschäftes, zu dem ich Ihre Kredite brauchte und an dem Sie ebenso verdienten wie ich. Heute geht es um etwas anderes. Ehe der Mokka kommt, möchte ich einige Worte an Sie richten. Ich weiß, daß morgen und in den nächsten Wochen die Forderungen, die Sie an mich haben, fällig sind. Ich muß Ihnen ein Geständnis machen: Es ist mir unmöglich, alle die Wechsel und die Schuldscheine, die ich in der letzten Zeit unterschrieben habe, einzulösen.« Die Anwesenden lachten. »Lachen Sie nicht, meine Herren«, fuhr Köhler fort, »es ist kein Scherz. Ich habe alles verloren. Meine Fabriken, meine Häuser, meinen Grundbesitz, meine Ölgesellschaft, meine Flotte – alles. Ich bin ein armer Mann.« Die Anwesenden hörten auf zu lachen. Das klang ja ganz ernst. »Es gibt nur eine Möglichkeit, wie Sie zu Ihrem Geld kommen können«, sprach Köhler weiter, »und die will ich Ihnen sagen: Geben Sie mir neue Kredite, *hohe* Kredite, höhere als Sie mir je gegeben haben, ich werde neue Unternehmen gründen, werde da und dort einsteigen, es gibt schon gewisse Anträge – vertrauen Sie mir, ich werde in kürzester Zeit wieder so vermögend sein, wie ich es bisher war. Wichtig ist nur: Sie müssen sich sofort entscheiden. Ich weiß, es ist viel verlangt, aber ich muß Sie bitten, es dennoch zu tun. Ich lasse Sie jetzt allein und gehe in das Nebenzimmer, beraten Sie sich untereinander – ich werde fünf Minuten warten. Wenn Sie mich in fünf Minuten nicht verständigen, daß ich mit Ihnen, meinen Freunden, rechnen kann, sehe ich mich leider genötigt, mich zu erschießen. Auf Wiedersehen! Hoffentlich!« setzte er, bitter lächelnd, hinzu. Dann verließ er den Raum.

Die Gäste blieben vorerst stumm – aber bald brach ein Durcheinander von Stimmen los. »Dieser Schuft! Dieser Verbrecher! Uns so hereinzulegen!« »Ruhe!« rief John Blackpool, Bankier aus Sidney, der der Reichste von ihnen war. »Wir müssen zu einem Entschluß kommen. Ich rate: fallenlassen. Wer anderer Meinung ist, soll die Hand heben.« Keiner hob die Hand. Die fünf Minuten verstrichen. Im Nebenzimmer ertönte ein Schuß. Die Anwesenden zuckten zusammen. Dann wandte Blackpool sich an den Butler und fragte unwillig: »Wo bleibt der Mokka?«

Köhler hat sich nicht erschossen. Er nahm die Reisetasche, die er bereits vorbereitet hatte und in der sich das Geld befand, mit dem er seine Verbindlichkeiten hätte einlösen können, und floh nach Jamaika, wo Elisabeth ihn erwartete. Die beiden waren immer gesuchte Persönlichkeiten – sie werden noch heute gesucht. Von der Interpol.
Es ist erstaunlich, wie viele gute Freunde man hat, bis man einen von ihnen braucht. Auch ein schöner Satz, leider auch nicht von mir, sondern von einem gewissen Mark Twain.

Darf ich Sie noch einmal in unser Kaffeehaus bitten? Es ist ja schließlich ein Stammkaffeehaus, und in ein Stammkaffeehaus geht man nicht nur einmal, sondern einige Male in der Woche. Möglichst täglich wie die Herren Rott und Jorisch. Und den folgenden Dialog sollten Sie nicht versäumen. Diesmal dreht es sich um

Hunde, Autos und junge Mädchen

(Kleines Wiener Kaffeehaus. Tische, Stühle, Kleiderständer, Zeitungen etc.)

ROTT: (sitzt an einem der Tische, vor sich ein Kännchen Kaffee sowie eine Tasse. Er ruft ungeduldig) Josef! – Josef!!!

JOSEF: (der Ober, kommt) Sie wünschen, Herr Rott?

ROTT: Ich möchte Sie etwas fragen. Sie haben doch allerlei Gäste hier. Staatsbeamte, Gemeindebeamte ... Könnten Sie mir vielleicht einen Rat geben, bei welcher Stelle man einreichen muß, damit man einen Hilflosenzuschuß bekommt?

JOSEF: (staunt) Brauchen Sie denn einen?

ROTT: Ich nicht, aber der Kaffee! Der ist doch so schwach – das reinste Wasser!

JOSEF: Na und? Wo kriegen Sie heute, bei der Umweltverschmutzung, noch ein reines Wasser?

ROTT: Da haben Sie recht.

JORISCH: (tritt ein) Guten Morgen!

ROTT: Guten Morgen, Herr Jorisch!

JOSEF: Guten Morgen, Herr Jorisch!

JORISCH: (zu Rott) Ich setze mich zu Ihnen.

ROTT: Das habe ich befürchtet.

JOSEF: Sie sind eben von Ihrer Frau angerufen worden, Herr Jorisch.

JORISCH: Was wollte Sie?

JOSEF: Das weiß ich nicht. Sie hat Sie zum Telefon gebeten.

JORISCH: Gebeten? Das muß ein anderer Jorisch sein.

JOSEF: Was werden Sie nehmen, Herr Jorisch?

JORISCH: Bringen Sie mir eine Tasse Tee.

JOSEF: Mit Milch, mit Rum, mit Zitrone?

BEAGLE
RANG

Jorisch: Mit Zitrone.

Josef: Da müssen Sie warten. Die Zitronen bringt die Bedienerin vom Supermarkt.

Jorisch: Dann bringen Sie mir einen Tee mit Zitrone – ohne Zitrone.

Josef: Bitte, Herr Jorisch. (er verschwindet)

Rott: Sie haben klug gehandelt, daß Sie keinen Kaffee bestellt haben. Nicht nur, daß er nicht zu trinken ist, ist er schon wieder um zwei Schilling teurer geworden.

Jorisch: Alles wird teurer, Herr Rott. Vorige Woche war mein Geburtstag, da hat mein Sohn meine Frau und mich in ein Restaurant zum Essen eingeladen – da waren so hohe Preise, daß die Speisenkarte ausgesehen hat wie eine Steuererklärung.

Rott: Was haben Sie gegessen?

Jorisch: Ein Beefsteak um hundertsechzig Schilling.

Rott: Das ist allerdings hart.

Jorisch: Wenn es weich gewesen wäre, hätte es noch mehr gekostet. Aber reden wir von Ihnen. Sie waren einige Tage nicht hier. Ich habe Sie sehr vermißt.

Rott: Das ist nett von Ihnen. Ich mußte zu Hause bleiben, weil mein Sohn von seiner Freundin einen Beagle (spr. Bigl) bekommen hat.

Jorisch: Schrecklich! Ist das heilbar?

Rott: Was?

Jorisch: Das, was Sie eben gesagt haben. Bei den ansteckenden Krankheiten weiß man das nie.

Rott: Ein Beagle ist doch keine ansteckende Krankheit.

Jorisch: Sie haben doch gesagt, er hat ihn von seiner Freundin bekommen?

Rott: Aber doch keine Krankheit. Ein Beagle ist ein Hund.

Jorisch: Ein Hund?

Rott: Ja. Haben Sie noch nie von einem Beagle gehört? Das ist eine Hunderasse – so wie ein Dackel.

Jorisch: Warum sagen Sie dann nicht gleich, daß Ihr Sohn einen Dackel bekommen hat?

Rott: Weil er keinen Dackel bekommen hat, sondern einen Beagle! Das ist englisch!

Jorisch: Dackel heißt auf englisch Bigl?

Rott: (gereizt) Nein! Vorstehhund!

Jorisch: Warum sagen Sie dann Bigl?

Rott: Weil es ein englischer Hund ist! Die Engländer schreiben »Be-a-gle« und sagen »Bigl«!

Jorisch: Jetzt verstehe ich! Ich habe als Kind einmal einen »E-a-gle« gehabt –

Rott: Einen was?

Jorisch: Einen Igel. Der war in einem Käfig eingesperrt, hat sich aber immer die Tür aufgemacht. Da hat mein Vater einen »Re-a-gle« gemacht – –

Rott: Was ist *das* wieder?

Jorisch: Ein Riegel. Der hat aber nicht lang gehalten, und weil mein Vater verreist war, haben wir einen »Ze-a-gle« vorgegeben.

Rott: Einen »Ze-a-gle«?

Jorisch: Einen Ziegel.

Rott: Ich bitte Sie, hören Sie auf! Sie haben doch keine Ahnung von der englischen Sprache! Im Englischen werden fast alle Wörter anders geschrieben, als sie ausgesprochen werden. Man schreibt zum Beispiel »te-a« und sagt »ti«, man schreibt »se-a« und sagt »si« – im Deutschen gibt es das nicht.

Jorisch: Doch. Im Deutschen schreibt man zum Beispiel »Tier« und sagt »Vieh«.

ROTT: (gibt es auf) Gut, gut. Sie haben recht. Beagle heißt also Dackel, und mein Sohn hat einen Dackel bekommen.

JORISCH: Na also. Aber deshalb hätten Sie doch ins Kaffeehaus kommen können?

ROTT: Eben nicht, weil ich den Bea – (korrigiert hastig) den Dackel beaufsichtigen muß, damit er nicht alles zerreißt, weil ich ihn füttern muß, weil ich ihn zimmerrein machen muß – mein Sohn geht doch ins Büro.

JORISCH: Ich verstehe. Ich habe auch einmal einen Dakkel gehabt. Als Kind. Im Sommer habe ich ihn bekommen – im Winter hat ihn mein Vater weggegeben.

ROTT: Warum?

JORISCH: Wegen der Heizkosten.

ROTT: Heizkosten? Was hatte der Dackel mit den Heizkosten zu tun?

JORISCH: Er war so lang. Bis er bei der Tür drinnen war, war das Zimmer kalt. Außerdem hat er einmal gebissen.

ROTT: Wen?

JORISCH: Den Hausbesorger.

ROTT: Wohin.

JORISCH: In den Apfel.

ROTT: Deshalb gibt man doch einen Hund nicht weg. Ihr Vater hätte doch dem Hausbesorger einen andern Apfel kaufen können.

JORISCH: Es war der Adamsapfel.

ROTT: Schrecklich!

JORISCH: Ich hätte mir schon längst wieder einen Hund genommen, aber das Futter ist mir zu kostspielig. Ich habe nicht die Mittel dazu.

ROTT: Untertreiben Sie nicht.

JORISCH: Das ist nicht untertrieben. Ich habe kein Geld – und gestern bin ich draufgekommen, *wieso* ich keines habe.

ROTT: Wieso?

JORISCH: Ganz einfach. Ich bekomme meinen Gehalt einmal im Monat ausbezahlt – und neunzigmal essen wir. Dazu kommt noch das Finanzamt – –

ROTT: Das Finanzamt ist keine Ausrede. Das ist gottgewollt. Wenn Gott nicht gewollt hätte, daß wir Steuern bezahlen, hätte er uns nicht den Kopfschmerz gegeben. Außerdem kann es mit Ihrer Armut nicht so weit her sein, weil Sie sich erst vor vierzehn Tagen ein Auto gekauft haben.

JORISCH: Gekauft habe ich es nicht. Ich habe es von dem Leubusch übernommen, weil er mir zweitausend Schilling schuldig war.

ROTT: Ein Auto für zweitausend Schilling? Was ist das für ein Modell?

JORISCH: Ich weiß es nicht. Mein Sohn sagt, es ist gar kein Modell, es ist ein abschreckendes Beispiel. Er behauptet, wenn ich erst meinen Führerschein haben werde, wird der Wagen das Existenzminimum für einen Mechaniker sein. Da ist *Ihr* Wagen etwas anderes. Der ist so groß, daß ich den meinen in Ihren Kofferraum stellen könnte.

ROTT: Wissen Sie aber auch, was der an Betriebskosten verschlingt? Ich hätte viel lieber einen Kleinwagen, wie Sie einen haben. Da fährt man zur Tankstelle, kauft drei Liter Benzin, zehn Deka Öl, der Tankstellenwart hustet einem in die Reifen hinein, und schon fährt man weiter. Was hat denn Ihr Sohn für einen Wagen?

JORISCH: Einen noch größeren als Sie. Leider hat er vor ein paar Wochen einen Unfall gehabt. Er ist mit hundertsechzig Kilometern auf der Autobahn gefahren – plötzlich hat es ihn gegen die Leitschiene geschleudert. Ihm ist Gott sei Dank nichts geschehen, aber den Wagen hat es in zwei Teile gerissen.

ROTT: Das ist doch nicht möglich!

JORISCH: Wenn Sie ihn sehen wollen, kommen Sie zu mir. Ich verwende ihn als Buchstützen.

ROTT: Man fährt eben nicht ungestraft mit hundertsechzig. Wann machen Sie denn Ihren Führerschein?

JORISCH: Nächste Woche.

ROTT: Sind Sie vorbereitet?

JORISCH: Ich denke schon.

ROTT: Ich werde Sie prüfen: Nehmen Sie an, Sie fahren auf einer Gebirgsstraße. Links gähnt ein Abgrund. Sie gehen in die Kurve, die Bremsen versagen, rechts steht ein Motorrad mit Beiwagen, vor Ihnen fährt ein LKW, hinter Ihnen ein Lieferwagen – was machen Sie?

JORISCH: Mein Testament.

ROTT: Wenn Sie solche Antworten geben, werden Sie die Fahrprüfung *nicht* bestehen.

JORISCH: Das macht mir auch nichts. Dann fahre ich eben weiterhin mit der Bahn, so wie bisher. Das ist mir sowieso lieber. Da habe ich meinen Fahrplan – –

ROTT: Was nützt Ihnen der Fahrplan, wenn er nicht stimmt! Letzten Sommer bin ich aus Jugoslawien gekommen – hat der Zug zwei Stunden Verspätung gehabt.

JORISCH: Da sehen Sie es doch. Wenn Sie keinen Fahrplan gehabt hätten, hätten Sie das gar nicht gewußt. Außerdem reise ich ja nicht viel. Einmal im Juli nach

Hofgastein. Ich bin nicht so im Streß wie andere. Sie kennen doch den Wiesenberg, der immer die schnellen Geschäfte macht. Vormittags lernt er jemand kennen, nachmittags macht er ein Geschäft mit ihm, und am nächsten Tag ist schon der Prozeß.

ROTT: Was ist mit dem Wiesenberg? Reden Sie schon!

JORISCH: Ich stehe am Bahnhof bei der Kasse Schlange, vor mir steht der Wiesenberg, sagt zum Kassier: »Ich möchte eine Fahrkarte erster Klasse nach Ascona«, der Kassier fragt: »Hin und zurück?«, drauf sagt der Wiesenberg: »Nur zurück. Zum Hinfahren habe ich keine Zeit.«

ROTT: So ist es heute. Alles rast, alles fliegt – Sie wissen doch, daß die Tochter von dem Stalzer eine Weltreise macht?

JORISCH: Nein! Wo nimmt die das Geld her? Das kostet doch ein Vermögen!

ROTT: Sie ist englische Korrespondentin in einem großen Exportunternehmen. Ihr Chef bezahlt ihr einen Riesengehalt – dabei kann sie auf englisch nicht einmal »ja« sagen.

JORISCH: Warum bezahlt er ihr dann soviel?

ROTT: Weil sie anscheinend auch nicht »nein« sagen kann. Aber so sind die Mädchen heutzutage. Zu unserer Zeit hätte es das nicht gegeben.

JORISCH: Leider.

ROTT: Sie sagen leider? War es damals nicht schöner? Die jungen Mädchen waren brav und vorsichtig – –

JORISCH: Und das war der Blödsinn. Wenn ein Mädchen brav ist, braucht es nicht vorsichtig zu sein – und wenn es vorsichtig ist, braucht es nicht brav zu sein.

ROTT: Das sind *Ihre* Ansichten.

JORISCH: Das möchte ich gar nicht sagen. Ich war *kein* Mädchen und bin trotzdem streng erzogen worden. Ich war schon achtzehn Jahre, und mein Großvater hat mir immer noch verboten, in Night-Clubs zu gehen. »Du könntest dort etwas sehen«, hat er gesagt, »was nicht gut für dich wäre.« Ich bin natürlich trotzdem gegangen.

ROTT: Und was haben Sie gesehen?

JORISCH: Meinen Großvater.

ROTT: Mich haben meine Eltern nicht streng gehalten. Mit meiner Schwester war es anders. Sie wissen doch, wie man früher ein junges Mädchen erzogen hat. Sie hat die Tanzschule besucht, hat Klavier spielen gelernt, singen gelernt …

JORISCH: Und? Hat sie das im Leben gebraucht?

ROTT: Oftmals. Sie soll demnächst jeden Morgen um fünf Uhr früh im Rundfunk singen.

JORISCH: Um fünf Uhr früh? Was singt sie da?

ROTT: Wiegenlieder für Nachtarbeiter.

JORISCH: Da wird sie doch Ihren Eltern dankbar sein?

ROTT: Sehr sogar. Dankbarkeit ist ja auch etwas, was den heutigen Menschen ganz abhanden gekommen ist. Dankbar sind nur noch die Tiere. Die merken sich, wenn ein Mensch ihnen etwas Gutes getan hat.

JORISCH: Das stimmt, das habe ich selbst erlebt beziehungsweise mein Bruder. Mein Bruder hat einmal seinen Urlaub in Kenia verbracht. Eines Tages geht er auf eine Fotosafari – plötzlich bemerkt er einen Elefanten, der sich vor Schmerzen windet. Er geht auf ihn zu und sieht, daß er einen riesigen Dorn im Fuß hat. Mein Bruder, ein Held, zieht ihm den Dorn heraus, der Elefant wiehert und rennt davon. Acht Jahre später sitzt mein Bruder in Wien in einem Zirkus, plötzlich tritt eine Gruppe von zehn Elefanten auf. Einer von ihnen erblickt meinen Bruder, stößt ein Freudengeheul aus, nimmt ihn mit dem Rüssel, trägt ihn dreimal um die Manege, wirft ihn zu Boden, nimmt ihn wieder auf, wirft ihn zu Boden, nimmt ihn wieder auf, wirft ihn zu Boden, nimmt ihn wieder auf und schmeißt ihn in den Zuschauerraum. Drei Monate ist mein Bruder mit gebrochenen Rippen im Spital gelegen.

ROTT: Wo ist da die Dankbarkeit?

JORISCH: Es war ein anderer Elefant.

Dummheit ist etwas Schönes: Man weiß nicht was man weiß, bis man weiß, was man *nicht* weiß.

Ein Politiker ist ein Mensch, der immer zur Hand ist, wenn er uns braucht. Vor den Wahlen verspricht er, was er alles tun wird, und nach den Wahlen erklärt er, warum er es nicht getan hat. Vor den Wahlen hat er für alle Probleme

Ein offenes Ohr

Eckstein hatte ein Problem. Da hörte er am Abend im Fernsehen einen ministerverdächtigen Politiker reden. Nennen wir ihn Dr. Rot. (Der richtige Name ist dem Verlag bekannt.) »Ich werde«, sagte Rot, »wenn unsere Partei gewählt wird, für alle Probleme ein ständig offenes Ohr haben.« Es war in der Vorwahlzeit. Die Partei wurde gewählt – Rot wurde Minister. Eckstein war glücklich und versuchte an das ständig offene Ohr heranzukommen, was gar nicht so einfach war. Erstens stellte es sich heraus, daß dieses nicht ständig zu sprechen war, sondern gewisse Sprechstunden hatte, und zweitens, daß diese nicht immer eingehalten wurden.

Eckstein wollte auch gar nicht in einer gewöhnlichen Sprechstunde an das ständig offene Ohr gelangen. Dazu war sein Problem zu umfangreich und zu kompliziert. Eckstein wollte das offene Ohr für sich allein haben, es sollte ganz Ohr für ihn sein, und so bat er um einen eigenen Sprechtermin. Der Sekretär Dr. Rots traute seinen Ohren nicht. Einen eigenen Termin für das Ohr des Ministers? Wisse Eckstein denn nicht, wie schwierig es sei, von einem so hohen Funktionär, der ein ständig offenes Ohr für alle Probleme hatte, ein solches für ein einziges Problem zu bekommen? Eckstein wußte es, und nach unzähligen Telefonaten und Vorsprachen erhielt er endlich, was er wollte: einen Termin für das offene Ohr des Herrn Ministers.

Dr. Rot empfing ihn in seinem roten Privatsalon. »Ich bin ganz Ohr für Sie«, sagte er und bot Eckstein einen Platz in einem breiten Ohrenfauteuil an. »Zigarette?«

»Danke«, sagte Eckstein. Er wollte keine Zigarette, er wollte nur ein offenes Ohr haben.

»Bitte, ich höre«, sagte Dr. Rot.

RANG

Eckstein begann sein Problem vorzubringen. Er hatte die Rede wohlgesetzt und zu Hause stundenlang probiert, aber das offene Ohr hörte nur mit halbem Ohr hin. Ecksteins Vortrag wurde dauernd unterbrochen. Telefonate wurden dem Minister in den roten Salon gelegt, Sekretärinnen kamen herein und brachten Schriftstücke zur Unterschrift, eine Sprechanlage meldete, daß die Gattin des Ministers gekommen sei, ein Beamter brachte ein Glas Wasser und erinnerte seinen Chef, daß es Zeit sei, die Tabletten zu nehmen, der Chauffeur ließ sagen, daß der Wagen bereitstehe – Eckstein unterbrach sich immer wieder, aber Dr. Rot sagte liebenswürdig: »Reden Sie nur weiter – ich höre.« Es war eine Lüge. Er hörte *nicht*. Ecksteins Redefluß wurde immer stockender, er verlor den Faden, er merkte, daß die Augen des Ministers dauernd über die Akten auf seinem Schreibtisch glitten, er sah, daß es bereits vierzehn Uhr dreißig war und daß der Minister sein ständig offenes Ohr anscheinend um vierzehn Uhr zu schließen pflegte, er wollte sich bereits empfehlen, da erhob sich der Minister und sagte: »Soweit ich Ihr Problem überblicke, wäre es am besten, wenn Sie sich an meinen Sektionschef Dr. Schwarz wenden würden. Dr. Schwarz ist für Ihr Problem der richtige Mann. Er wird ein offenes Ohr für Ihre Sache haben.«

Eckstein ging zu Dr. Schwarz. (Der richtige Name ist dem Verlag bekannt.) Auch hier war es nicht so leicht, einen Termin für das offene Ohr zu bekommen. Inzwischen wurde Ecksteins Problem immer größer und komplizierter.

»Ihr Problem ist mir schon zu Ohren gekommen«, empfing ihn Dr. Schwarz. »Sie kommen wegen der Wohnung.«

»Nein!« rief Eckstein erschrocken. Er hatte sich schon so gefreut, daß der Sektionschef von seinem Problem Kenntnis hatte.
»Dann sind Sie der Herr, der sich wegen der Straße beschweren will, die durch sein Grundstück gelegt werden soll.«
»Auch nicht«, jammerte Eckstein und bemerkte mit Schrecken, daß in dem linken Ohr des Sektionschefs ein Stückchen Watte steckte. Wenn schon, dachte er, *ein* offenes Ohr genügt.
»Dann kommen Sie wegen Ihrer Scheidung«, fuhrt Dr. Schwarz fort. »Oder wegen Ihres Sohnes, der vom Bundesheer befreit werden will.«
»Auch das nicht«, sagte Eckstein.
»Dann nehmen Sie Platz. Ich höre.«
Eckstein nahm Platz und begann sein Anliegen in noch wohlgesetzterer Rede als das erstemal vorzubringen. Dr. Schwarz nahm einen Kugelschreiber, kratzte sich damit hinter dem offenen Ohr, zeichnete Männchen auf ein Stück Papier, kratzte sich wieder, da – als Eckstein eben zu dem Kernstück seines Problems kam – wurde er von Dr. Schwarz unterbrochen. »Soweit ich Ihr Problem überblicke«, bemerkte Dr. Schwarz, »hat doch Ihre Sache eine juridische Seite.«
»Ja«, antwortete Eckstein. »Eben deshalb würde ich eine einflußreiche Unterstützung brauchen.«
»Ich verstehe«, meinte Dr. Schwarz. »Wenn Sie mir folgen, suchen Sie einen tüchtigen Anwalt auf. Meiner Meinung nach kann Ihnen die neue Gesetzesnovelle, die wir jüngst im Parlament durchgeboxt haben, bei der Lösung Ihres Problems behilflich sein. Hier haben Sie eine Adresse. Der Herr heißt Dr. Blau. (Der richtige Name

ist dem Verlag bekannt.) Herr Dr. Blau kennt den Problemkreis, er hat sicher ein offenes Ohr für Sie.«
Eckstein dankte und ging. Er suchte sofort die Adresse auf, die ihm Dr. Schwarz gegeben hatte, aber das offene Ohr des Anwalts war momentan nicht erreichbar. Es war auf Urlaub. Eckstein mußte vierzehn Tage warten, es dauerte aber noch eine Woche, bis er einen Termin für das offene Ohr des Anwalts erhielt. Inzwischen war das Problem noch größer und noch komplizierter geworden. Eckstein mußte etliche Vorzimmer, bespickt mit Schreibkräften, passieren, bis er endlich in das Büro des Anwalts kam. Dr. Blau empfing ihn mit der gewissen Jovialität eines Juristen, der nicht nur sämtliche im Gesetzbuch enthaltenen Paragraphen kennt, sondern der auch weiß, auf welcher Seite sie stehen. Leider stocherte er dauernd mit einem Zahnstocher in seinen Ohren herum, was Eckstein nervös machte, weil er fürchtete, daß der Anwalt sich gerade das offene verletzen könnte. So leierte er sein Problem herunter, er konnte es ja jetzt schon auswendig. »Herr Dr. Schwarz«, setzte er zum Schluß hinzu, »meint, daß die neue Gesetzesnovelle bei der Lösung meines Problems in Anwendung gebracht werden könnte.«
Der Anwalt lachte, daß beide Ohren wackelten. »Die neue Gesetzesnovelle«, wieherte er, »hat doch nichts mit Ihrem Problem zu tun! Soweit ich es überblicke, hat doch Ihre Sache auch eine finanzielle Seite, und zwar keine unbeträchtliche.«
»Das stimmt«, sagte Eckstein.
»Ich würde Ihnen raten, einmal mit einem Bankkaufmann über Ihr Problem zu sprechen. Hier haben Sie eine Adresse. Der Herr heißt Dr. Grün. (Der richtige Name

ist dem Verlag bekannt.) Wenn Sie sagen, daß Sie von mir kommen, wird er bestimmt ein offenes Ohr für Ihr Problem haben.«

Eckstein dankte und ging. Die Adresse, die er bekommen hatte, kannte er. Es war die Anschrift einer Bank, die sowohl auf ihren Plakaten als auch in ihrer Fernsehwerbung betonte, für alle Probleme ein offenes Ohr zu haben. Dr. Grün, Sachberater, war ein junger Mann, noch naß hinter den Ohren, hoffentlich nicht auch hinter dem offenen, dachte Eckstein. Er rollte sein Problem auf. Dr. Grün lächelte. »Sie wissen doch«, meinte er, »daß zur Lösung Ihres Problems beträchtliche Mittel notwendig sind?«

»Ich dachte, daß vielleicht ein Kredit –?«

»In dieser Höhe?« Grün grinste von einem offenen Ohr bis zum andern. »Da müßte schon eine hohe Persönlichkeit für Sie garantieren. Versuchen Sie es, und gehen Sie zu Herrn Dr. Rot. Er ist Minister und hat für solche Probleme ein ständig offenes Ohr.«

Eckstein hätte am liebsten allen offenen Ohren die dazugehörigen Ohrfeigen verpaßt. Er *wird* noch einmal zu Dr. Rot gehen, nahm er sich vor, und was er ihm sagen wird, wird dieser sich nicht hinters Ohr schreiben. Ob Minister oder nicht, schließlich ist er – Eckstein – ein steuerzahlender Staatsbürger, der sich nicht übers Ohr hauen läßt.

Am Abend sah er die Fernsehnachrichten. Dr. Rot war zurückgetreten. An seine Stelle kam ein Dr. Gelb (der richtige Name usw.), der in seiner Antrittsrede sagte: »Ich werde für alle Probleme ein ständig offenes Ohr haben.«

Mein Vorschlag: Polizei, Feuerwehr, Rathaus und viele andere Institutionen feiern alljährlich den »Tag der offenen Tür«. Warum gibt es nicht auch, wenigstens in jedem zweiten Jahr, den »Tag des offenen Ohrs«?

Der Talmud sagt: Wer nicht Frau noch Kinder hat, der weiß nichts von Freude, weiß nichts von Glück und Segen.

Der Familienmensch

Es gibt Junggesellen und Ehemänner und von jeder Gattung zwei Sorten.
Der eine Junggeselle ist ein Mann, vorsichtig, wachsam, mißtrauisch, ein Mann, der bisher immer davongekommen ist und der die Absicht hat, dies auch weiterhin zu tun – der andere ist sorglos, unaufmerksam und nachlässig. Er läuft einer Frau davon, um möglicherweise einer anderen in die Arme zu fallen. Dann ist es aus mit ihm, und er gehört zu den Ehemännern. Also, Achtung, meine Herren!
Bei den Ehemännern gibt es, wie bereits oben erwähnt, wieder zwei Sorten: den gewöhnlichen und den ungewöhnlichen Ehemann. Der gewöhnliche Ehemann ist selten so klug, wie ihn seine Mutter, und selten so dumm wie ihn seine Schwiegermutter sieht. Als erster Mann ist er ein Engel, wenn ihn seine Witwe und ein Teufel, wenn ihn seine geschiedene Frau schildert. Er ist ein Lump, wenn er nie daheim ist und eine Last, wenn er den ganzen Tag zu Hause herumhängt. Also auch in diesem Fall: Achtung, meine Herren! Die zweite Sorte von Ehemännern sind die Familienmenschen. Man erkennt sie an ihren Brieftaschen, die gefüllt mit Schnappschüssen sind. Das ist meine Frau, das sind meine Kinder etc.
Waldvogl war ein Familienmensch. Meine Frau und ich lernten ihn in Tirol kennen, während einer Kur, die wir gemeinsam machten. Waldvogl hatte eine Grippe gehabt, hatte sich nach einem Ärztebuch selber behandelt und wäre an einem Druckfehler fast gestorben. Da wir alle drei aus Wien kamen, setzte man uns im Speisesaal an einen Tisch. Als die Suppe kam, seufzte er.
»Fühlen Sie sich nicht wohl?« fragte meine Frau besorgt.
»O doch«, antwortete er, nahm zwei Löffel davon und

rückte den Teller weg. Ein gleicher Seufzer, als das Fleisch kam. Ich hätte ja auch am liebsten geseufzt, aber nicht aus Weltschmerz, wie unser Tischgenosse es anscheinend tat, sondern wegen der kleinen Portionen, die man uns vorsetzte. Da ich immer in Scherzen denke, fiel mir der Witz ein, in dem der Ober den Gast fragt: »Wie haben Sie das Fleisch gefunden?« und der Gast antwortet: »Indem ich das Salatblatt zur Seite schob.« Ich erzählte den Witz. Meine Frau lachte schallend, obwohl sie ihn schon hundertmal gehört hatte – Waldvogl seufzte und schob den Teller weg. Ich erzählte die lustigste Geschichte, die ich je geschrieben habe, nur um ihn aufzuheitern, meine Frau lachte zwar ober dem Tisch, trat mich aber unter dem Tisch mit dem Absatz auf den Fuß, weil sie diese Geschichte nie hatte leiden können – Waldvogl seufzte. »Soll ich den Arzt rufen?« erkundigte ich mich. »Haben Sie Schmerzen?«
»Nein«, wand er sich. »Es ist nur –«, er zögerte, dann entschloß er sich fortzusetzen: »Ich kann Ihnen ja die Wahrheit sagen. Ich bin ein Familienmensch.« Er sagte das so unglücklich, als wenn er sagen würde: Ich bin ein Mörder.
»Das tut doch nichts zur Sache«, antwortete ich, »oder – «, es fiel mir plötzlich ein, »ist Ihrer Familie vielleicht etwas zugestoßen?«
»Hat sich Ihre Frau vielleicht scheiden lassen?« fragte meine Gesponsin, »oder hatte Ihre Familie vielleicht gar ... ich meine ... einen Unfall ... so etwas passiert ja heute häufig ...«
»Nein, nein«, sagte er. »Sie werden mich nicht verstehen, aber ... meine Familie geht mir ab ... sie fehlt mir ... ich bin ein Familienmensch.«

»Das ist doch schön!« bewunderte ihn meine Frau, während ich furchtlos in medias res ging: »Sie haben doch sicherlich Fotos von Ihrer Familie?«
»Natürlich«, sagte er und griff nach seiner Brieftasche. »Das ist meine Frau, das Foto ist etwas geschmeichelt ...«, wenn das Foto geschmeichelt war, mußte sie ungeschmeichelt aussehen wie eine »Miß Schaukelpferd« ... »und das da«, setzte er fort, »ist mein Sohn.« Er sah der Mutter ähnlich, und das sagte ich auch.
»Das ist unwichtig«, trat meine Frau in eines der vielen Fettnäpfchen, in die sie immer tritt, »bei einem Burschen macht das nichts.« Waldvogl schien es überhört zu haben.
Als wir allein am Zimmer waren, beschlossen wir, uns seiner anzunehmen. Für den nächsten Tag war eine Bergwanderung angesetzt. »Sie kommen doch mit?« fragte ich Waldvogl. »Nicht gern«, seufzte er, »aber allein hier zurückbleiben mag ich auch nicht.«
Wir spazierten auf einem schönen Waldweg hinauf. Die Blumen dufteten, die Vöglein sangen – Waldvogl schien es nicht zu hören. Auf einer herrlichen Wiese machten wir halt. »Von hier aus«, erklärte uns der Führer der Gruppe, »haben Sie die schönste Aussicht.« Er hatte recht. Wir sahen tief unter uns das Tal, die Hügel, sogar die Autobahnen fügten sich harmonisch in die Landschaft. Alle bewunderten den Blick, nur Waldvogl schloß die Augen. »Was haben Sie?« fragte ich besorgt. »Haben Sie einen Schwindelanfall?«
»Nein«, erwiderte Waldvogl. »Ich gönne es mir nicht, so viel Schönheit zu sehen, wenn es meine Familie nicht mitgenießen kann. Ich bin ein Familienmensch.« Ich fand das reichlich übertrieben, aber ich sagte es ihm nicht.

Am Abend fand ein Konzert statt. Ein bekannter Pianist, der wie wir die Kur machte, gab einen Klavierabend. »Sie kommen doch auch?« fragte ich Waldvogl. Er zierte sich, aber meiner Frau gelang es, ihn zu überreden. Das Konzert war ein Erlebnis, alle genossen die Virtuosität, mit der der Künstler das Instrument beherrschte, nur Waldvogl hatte sich Watte in die Ohren gestopft.
»Was haben Sie?« erkundigte ich mich wieder. »Haben Sie Ohrenschmerzen?«
»Nein«, schluchzte Waldvogl. »Ich gönne mir nicht ein solches Konzert zu hören, wenn meine Familie nicht dabei ist. Ich bin ein Familienmensch.« Wir hatten, ehrlich gesagt, genug von ihm. Ein paar Tage später reiste er ab.
Es war ungefähr zwei Monate danach, wir saßen im Speisesaal des Hotel Sacher, als Waldvogl eintrat. In seiner Begleitung befanden sich eine hübsche, zirka vierundzwanzigjährige Blondine, ein kleiner Junge sowie ein älteres Ehepaar. Das war doch weder seine Frau noch sein Sohn noch waren es seine Schwiegereltern? Kaum hatte er uns gesehen, als er auf uns zustürzte. Er war eine anderer Mensch. Gelöst, frei, munter, lustig.
»Ich erkenne Sie kaum wieder«, sagte ich, nachdem wir uns begrüßt hatten. »Sie machen so einen glücklichen Eindruck?!«
»Ich bin auch glücklich«, antwortete Waldvogl. »Sie haben sich so rührend um mich gekümmert – Ihnen kann ich es ja sagen. Die blonde Dame ist meine Freundin, die älteren Herrschaften sind ihre Eltern, und der Junge ist unser Kind.«
Meine Frau und ich waren starr. Wir dachten an die Schaukelpferdfotos. »Sie sagten doch«, faßte meine Frau

sich endlich, »daß Sie sich nur im Kreise der Familie wohlfühlen?«
»Das stimmt«, gab Waldvogl ihr recht. »Aber ich habe nicht gesagt, im Kreise *welcher* Familie!«

Frau und Kinder sind eine große Freude – speziell wenn man nicht verheiratet ist.

Wenn man emsig die Massenmedien verfolgt oder wenn man nur mit einer gewissen Aufmerksamkeit aufnimmt, was heute alles so geschrieben und gesprochen wird, bekommt man den Eindruck, alle Menschen, ja man könnte fast sagen die gesamte Menschheit, befinde sich heutzutage auf der Suche nach irgend etwas.

Auf der Suche nach ...

Nicht nur Zeitungen und Zeitschriften sind voll von der Sucherei der Menschen, ganze Bände werden darüber geschrieben, und man wundert sich, daß es überhaupt noch Menschen gibt, die trotz allen Suchens Zeit zum Essen und Schlafen finden.
Da hört man zum Beispiel ständig, daß der Westen den Frieden suche, der Osten aber seine Vormachtstellung. Aus dem Osten tönt es dann umgekehrt. Kleinere Völker suchen nicht nur den Frieden, sondern auch den Wohlstand, aber dazu noch die Freundschaft der Supermächte, die ihnen für den Frieden das nötige Kriegsmaterial liefern sollen.
Millionen Menschen suchen Arbeit, andere wieder das Dolce vita.
Konzerne suchen Märkte, die Märkte suchen Abnehmer, die Abnehmer günstige Konditionen.
Viele Firmen auf der ganzen Welt, deren Erzeugnisse nicht mehr gefragt sind, suchen neue, oft sogar intelligente Produkte, um aus den roten Zahlen zu kommen.
Ganze Länder suchen nach guten, nachbarlichen Beziehungen, unterenwickelte Regionen nach neuen Strukturen, damit sie endlich Anschluß finden an die entwickelten, verseuchten und verschmutzten.
An allen Ecken und Enden sucht man nach neuen Problemlösungen, weil überall der Hut brennt oder der Zeiger auf fünf vor zwölf steht.
Alle Menschen suchen nach Glück, böse durch Macht und Geld, gute durch Geld und Macht.
Politische Attentäter suchen Attentate, die Polizei sucht die Attentäter.
Die Mutigen suchen das Abenteuer, die Feigen hingegen das Heil in der Flucht.

Manche suchen das Vertrauen ihrer Vorgesetzten, starten einen Millionencoup und suchen sich abzusetzen.
Viele sind auf der Suche nach einem Partner fürs Leben, andere suchen aus der Partnerschaft auszubrechen.
Einsame suchen wenigstens einen Menschen, der ihnen zuhört, manche suchen nur sich selbst, weil sie sich irgendwo verloren haben.
Unglückliche suchen einen Ausweg aus ihrem Dilemma, leichtsinnige Esel suchen das Eis, auf dem sie tanzen können.
Verliebte suchen oft das verlorene Glück, andere bloß die verlorene Zeit.
Die Ehrgeizigen suchen den rampenlichtigen Erfolg, die Ängstlichen nur den Polster der Sicherheit, die Übergewichtigen suchen Abmagerung durch schlankschlemmrige Kost, die Mageren eine Aufbesserung ihrer Muskulatur im Bodybuilding, der Finanzminister sucht nach neuen Steuern, um die Budgetlücken zu schließen, der gewöhnliche Politiker nur die Bürgernähe, damit er nicht vom Futtertrog entfernt werde.
Ressortchefs, in deren Machtbereich eine Korruptionsaffäre aufflog, drohen zurückzutreten und suchen nach einer Ausrede, warum sie immer noch da sind,
Übergenaue suchen die Laus im Pelz, Laxige suchen den Weg des geringsten Widerstandes,
Ernste suchen die Wahrheit, Seichte suchen die Zerstreuung, und ich suche jetzt mein Bett auf, weil ich schon müde bin.

Sollten Sie diese Geschichte zufällig vor dem Einschlafen lesen und einen tieferen Sinn darin suchen, suchen Sie nicht weiter, es steckt keiner drin. Gute Nacht!

Freundschaft ist wie eine Banknote. Man kann nichts abheben, ohne vorher etwas eingelegt zu haben. Zu dieser Erkenntnis kam ich durch meinen Freund Joschi und durch

Die neue TV-Serie

Als ich aus dem Haus ging, stieß ich auf meinen Freund Joschi.

»Gut, daß ich dich treffe«, sagte er erfreut, »ich wollte eben zu dir. Ich habe eine Idee.« Schnell legte ich die Hand auf die Brieftasche. Wenn Joschi eine Idee hatte, kostete es mich immer Geld. »Komm!« sagte er und schleppte mich in das nächste Espresso.

»Also?« fragte ich kühl.

»Es handelt sich um eine neue Fernsehserie.« Ich stand auf.

»Bleib!« sagte er schnell und zog mich auf meinen Stuhl zurück. »Es ist keine gewöhnliche Fernsehserie. Es ist eine Serie, die man in allen Sprachen machen kann, und die man uns in der ganzen Welt abkaufen wird.«

»Titel?« fragte ich kurz.

»Wir suchen!«

»Du hast noch nicht einmal einen Titel?«

»Das *ist* der Titel.«

»Was?«

»Wir suchen.«

»Was sucht ihr? Und wer ist ›wir‹?«

»Wir sind wir alle. Die ganze Menschheit. Denke an die Tragik der heutigen Gesellschaft. Kriege, Revolutionen, Terror. Die Menschen befinden sich auf der Flucht. Familien werden zerrissen, Kinder werden von den Eltern getrennt, und *wir* werden sie wieder zusammenbringen.«

»Wie stellst du dir das vor?«

»Ganz einfach. Wir werden für jede Folge einen Menschen ausfindig machen, dessen Familie seit Jahrzehnten verschollen ist. Einen Menschen, der nicht mehr weiß, wie seine Eltern aussehen, seine Geschwister, seine Kinder. Wir werden sie suchen, finden und ins Studio bringen.«

»Wie willst du das machen?«

»Das ist *meine* Sorge. Es wird möglich sein. Natürlich bringen wir nicht die ganze Familie her, sondern nur einen Angehörigen der Familie. Wir sagen ihm nicht, wer und was ihn hier erwartet, und auch dem Kandidaten sagen wir nichts. Die Sendung ist natürlich live. Vor unserer Kamera werden sich die beiden zum erstenmal sehen – –«

»Und da sagen wir es ihnen«, unterbrach ich ihn. Ich merkte gar nicht, daß ich mich schon zu den »wirs« zählte. Damit hatte Joschi gewonnen, auch wenn ich noch nicht genau wußte, was er von mir wollte.

»Nichts werden wir«, antwortete er. »Die beiden müssen sich gegenseitig Fragen stellen und aus den Antworten entnehmen, wer der oder die andere ist. Sie haben zwei Minuten Zeit – der Gwinner bekommt 100.000 Schilling.«

»Toll!« Ich bewunderte Joschi. »Welche Fernsehgesellschaft macht es? ORF, ZDF, ARD?«

»Keine von ihnen. Sie finden die Idee großartig, haben aber kein Vertrauen, daß sie sich in die Realität umsetzen läßt. Sie verlangen eine Probeaufzeichnung.«

»Das ist verständlich. Die bezahlen sie natürlich.«

»Nein.«

»Wer denn?«

»Wir.«

»Wir? Das kostet doch ein Vermögen. Hast du so viel Geld?«

»Nein.«

»Ich auch nicht.«

»Das weiß ich, aber du kannst es auftreiben, während ich, wie du weißt, in Geldangelegenheiten keinen allzu guten Namen habe.«

Ob ich das wußte. »Zahlen!« rief ich dem Ober zu. Ich bezahlte die beiden Espressi, die wir gehabt hatten, und wollte gehen. »Bleib!« Joschi hielt mich mit Gewalt zurück. »Ist dir nicht klar, was diese Sache bedeutet? Vor den Bildschirmen werden Bäche von Tränen fließen, wenn sich die beiden Familienangehörigen in den Armen liegen. Was heißt Bäche? Flüsse! Meere! Dallas, Dynastie, Traumschiff und Schwarzwaldklinik werden zum alten Eisen gehören! Der neue Straßenfeger wird ›Wir suchen‹ heißen! Begreifst du das nicht? Wir suchen! Wir suchen!«

»Wir suchen«, gab ich trocken zu. »Aber *was* suchen wir? Vorläufig nur Geld, und das werden wir nicht finden.«

»Wir werden es finden«, meinte Joschi überzeugt. »Frag' herum! Bei deinen Verwandten, bei deinen Freunden! Natürlich werden wir auch Banken einschalten müssen. Eben habe ich wieder eine geniale Idee! Wir geben Anteilscheine aus! Aktien! Ja! Wir gründen eine AG!«

»Und wann bekommen die Aktionäre ihr Geld zurück? Das werden sie mich doch fragen. Ich glaube, das wären die ersten, die vor den Bildschirmen Tränen weinen.«

»Unsinn! Den ersten Teil bekommen sie nach der Aufzeichnung, den zweiten Teil nach der Sendung. Nach der Sendung werden auch die Zinsen ausbezahlt, und einmal im Jahr schütten wir eine Dividende aus. Nach längstens sechs Folgen haben sie ihr Geld verdoppelt. Die Hauptsache ist die Probeaufzeichnung. Dafür müssen wir das Geld besorgen.«

»Was gibst *du* dazu?«
»Die Idee«, sagte er. Damit hatte er recht. Das Geld ohne die Idee wäre nichts, die Idee ohne Geld aber auch nichts. »Ich werde mit meiner Frau sprechen«, sagte ich und ging.
Am Abend sprach ich mit meiner Frau, und zwar über alles, nur nicht über Joschi. Hätte ich nur ein Wort von seiner Idee erwähnt, sie hätte sofort nein gesagt. (Sie hätte *mehr* gesagt, aber der Tenor des Gespräches wäre das »Nein« gewesen). Nicht, daß sie Joschi nicht mochte, aber er war uns bereits so viel Geld schuldig – hätte er es zurückbezahlt und hätten wir es in sein Projekt gesteckt, hätte er keine Finanzierungssorgen mehr gehabt.
Am nächsten Morgen begann ich Aktionäre zu sammeln. Anfangs ging es leichter, als ich dachte. Robinson, Wronsky, Spannagl sowie mein Schwager Goldmann vertrauten mir und gaben jeder hunderttausend Schilling. Hunderttausend gab ich, so daß wir eine halbe Million beisammen hatten. Joschi hatte inzwischen ausgerechnet, daß die Probeaufzeichnung mindestens drei Millionen kosten würde. Ich ging zu meiner Bank und nahm einen dementsprechenden Kredit auf. Joschi betraute eine Detektei mit der Suche nach einem Menschen, dessen Familie seit längerer Zeit verschollen war. Er fand einen ehemaligen Tischlermeister, einen Herrn Oberreiter, einen ungefähr sechzigjährigen Mann, dessen Bruder vor vierzig Jahren nach Amerika ausgewandert war und von dem er nie wieder etwas gehört hatte. Natürlich ging das nicht von heute auf morgen. Die Detektei mußte sich gewaltig anstrengen. Kosten: hunderttausend Schilling. Wir brauchten wieder Geld. Ich sprach meinen intimsten Feind, den Filmregisseur Ze-

bisch, an. Zebisch gab hunderttausend Schilling, unter der Bedingung, daß er die Serie inszeniert. Gage pro Folge: zweihunderttausend Schilling. Ich sagte es ihm zu. Nun hatten wir wieder die fünfhunderttausend Schiling, aber wir hatten sie *nicht*, weil Joschi inzwischen die vierhunderttausend, die wir gehabt hatten, für ein Büro ausgegeben hatte, das wir, wie er meinte, unbedingt brauchen würden. Ich ging zu meiner Bank und nahm einen weiteren Kredit auf. Nun brauchten wir Geld für die Nachforschungen in Amerika. Wieviel? Für den Anfang (!) eine Million Schilling. Woher nehmen? Ich ging wieder zu meinen Freunden, aber ohne Erfolg. Goldmann war angeblich krank geworden und lag in einer Klinik, wo ihn wegen Ansteckungsgefahr niemand besuchen durfte, Robinson war bei seiner Tante in Nanking, Spannagl bei seinem Onkel in Peking, während Wronsky sich, wie mir seine Frau Vera am Telefon mitteilte, auf einem Dentistenkongreß in Australien befand. Dabei hörte ich durch den Apparat seine Patienten wimmern, wobei mir der Schüttelreim einfiel: »Bei Dentisten in den Wartezimmern – da hört man nicht nur Zarte wimmern«, aber was nützte mir das? Dafür gab mir eine Zeitung höchstens zehn Schilling.
Am Abend rief mich Joschi an. Zum Glück war meine Frau nicht zu Hause. Er jubelte.
»Was ist los?« fragte ich.
»Wir haben ihn gefunden!«
»Wen?«
»Den Bruder!«
»Was für einen Bruder?«
»Den Bruder von Oberreiter! Er ist vor vierzig Jahren in die Vereinigten Staaten gekommen, und zwar nach Con-

cord in Massachusetts, hat den Namen Overrider angenommen, nur leider –«
»Was leider?« fragte ich, Böses ahnend.
»Leider hat er sich bei Ausbruch des Krieges mit Vietnam als Kriegsfreiwilliger gemeldet –« Joschi stockte.
»Und ist gefallen«, beendete ich seinen Satz.
»Das ist nicht sicher. Soviel man weiß, hat er eine Vietnamesin geheiratet und ist in Vietnam geblieben.«
»Na also!«
»Nur leider –«, sagte Joschi wieder.
»Was ist schon wieder leider?«
»Bei den Auseinandersetzungen mit Kambodscha hat er sich wieder freiwillig gemeldet, wurde gefangengenommen und nach China gebracht.«
»Na fein!« meinte ich ironisch. »Dort wird er ja leicht zu finden sein. Schließlich gibt es ja in China nur eine Milliarde Menschen.«
»Ich habe bereits über die chinesische Botschaft mit dem chinesischen Geheimdienst in Peking Kontakt aufgenommen. Jetzt brauchen wir nur noch Geld.«
»Nur noch Geld!« stöhnte ich und legte den Hörer auf. Wo sollte ich es hernehmen? Von unserem schönen Haus in Baden drohte das Dach einzustürzen, so viele Hypotheken lagen bereits drauf. Ich versuchte es nochmals bei meinen Freunden. Robinson war von seiner Tante in Nanking zu einem Onkel nach Island geflogen, Spannagl von seinem Onkel in Peking zu einer Tante auf der Teufelsinsel, Wronsky hatte sich einer Polarexpedition angeschlossen. Nur Goldmann war in Wien. Ich begegnete ihm auf der Straße, er hatte sich einen Bart wachsen lassen, damit ich ihn nicht erkenne. Also ging ich an ihm vorüber. In der Bank verweigerte man mir einen weite-

ren Kredit – höflich, aber doch. Ich nahm mir privat Geld auf, gegen Wucherzinsen natürlich, aber was sollte ich tun?
Das Unglaubliche trat ein: Charly Overrider wurde in China gefunden. Wir brachten ihn am Vorabend der Aufzeichnung mit verbundenen Augen nach München, wo bereits ein Hotelzimmer auf ihn wartete. Zwei starke Leibwächter sorgten dafür, daß er das Haus nicht verließ und daß er weder einem Radio- noch einem Fernsehapparat in die Nähe kam. Er wußte also nicht, was wir mit ihm vorhatten.
Inzwischen hatten wir unsere Beziehungen spielen lassen. Sämtliche Medien berichteten von der neuen Sendereihe. Wir hatten die Stadthalle gemietet und gratis zur Versuchsaufzeichnung eingeladen. Die Leute rauften sich um die Karten. Zehntausend Stück waren im Nu weg.
Meine Frau begann Joschi zu bewundern. »So etwas müßte dir einmal einfallen«, sagte sie. Ich gestand ihr, daß ich an der Sache beteiligt war – was ich ihr nicht gestand, war, daß wir knapp vor dem Bankrott standen.
Der große Abend kam heran. Die Halle war überfüllt, alles, was Rang und Namen hatte, war erschienen. ORF, ZDF, ARD sowie die anderen europäischen Fernsehanstalten waren durch ihre Intendanten vertreten, zwanzig amerikanische Sender baten um Videokassetten mit der Aufnahme des großen Ereignisses, Kanada wollte die Sendung von Amerika übernehmen, die Sowjetunion startete einen Satelliten, um noch vor den Amerikanern einige Bilder zur Erde zu senden. Bundeskanzler, Unterrichtsminister und Bürgermeister waren erschienen. Wir hatten ein Prominentenprogramm engagiert. Luciano

Pavarotti und Placido Domingo sangen im Duett, Claudio Abado dirigierte die Wiener Philharmoniker, Mirella Freni brachte eine Rollschuhnummer. Nun nahm der Bürgermeister das Wort. Er lobte den Mut, in der heutigen materiellen Zeit eine Sendereihe auf die Beine zu stellen, eine Sendereihe, die, wie er sagte, vom Schicksal geschrieben wird. »Was kann es Edleres geben«, rief er aus, »als Familienangehörige zusammenzubringen, die einander aus den Augen verloren haben. Die Sendung ›Wir suchen‹ werden wir suchen, wann immer sie im Programm ist.« Applaus. Joschi bekam eine Auszeichnung.
Inzwischen war Charly Overrider von München nach Wien gebracht worden. Die beiden Kandidaten wurden auf das improvisierte Podium geführt. Sie sahen einander überhaupt nicht ähnlich, und niemandem wäre es eingefallen, sie für Brüder zu halten. Joschi, der die Moderation übernommen hatte, machte die beiden mit den Spielbedingungen bekannt: Jeder von ihnen hatte das Recht, Fragen zu stellen und die Aufgabe, aus der Antwort des anderen dessen Identität zu erfahren. Verboten waren Fragen nach Namen und Geburtsort. Der Gewinner bekam eine Prämie von 100.000 Schilling. Sie hatten zwei Minuten Zeit.
Die beiden sahen einander an wie zwei Boxer vor dem Kampf.
»Fragen Sie bitte!« drängte Joschi.
Oberreiter sagte: »Sie kommen mir bekannt vor …«
»Sie mir auch«, sagte Overrider. »Was sind Sie von Beruf?«
»Tischlermeister«, antwortete Oberreiter. »Und Sie?«
»Ich war schon alles. In Amerika Tellerwäscher, Zeitungsverkäufer, Matrose, in Vietnam Soldat, in Kam-

bodscha vietnamesischer Unteroffizier – aber der Beruf, den ich richtig erlernt habe, ist die Tischlerei. Ich bin Tischler, wie es mein Vater war.«

Nun wurde Oberreiter aufmerksam. »Mein Vater war auch Tischler«, stammelte er. »Sind Sie ... bist du ...«

»Franz!« rief der andere.

»Karl!«

»Bruder!« Sie fielen einander um den Hals. Tränen flossen aus ihren Augen. Das Publikum wagte nicht zu applaudieren.

Joschi kam ins Bild. »Es hat geklappt«, sagte er gerührt. »Die Stimme des Blutes hat gesprochen. Die beiden Brüder haben einander erkannt. Schildern Sie jetzt bitte unseren Zusehern das Gefühl, das man hat, wenn man seinen verlorengeglaubten Bruder nach vierzig Jahren wiederfindet.«

»Vierzig Jahre«, wiederholte Oberreiter fassungslos. »Es ist wie ein Wunder, daß wir uns wiedersehen. Warum hast du mir denn nie geschrieben, Karli?«

»Das mußt du verstehen, Franzi. Im Anfang wollte ich nicht – schließlich bin ich doch nur ausgewandert, weil du mir meine Braut ausgespannt hast.«

»Ich?«

»Natürlich du!« antwortete Overrider gereizt. »Willst du es vielleicht leugnen, daß du ein Kind mit ihr hast?«

»Nichts leugne ich«, sagte Oberreiter, »aber ich habe sie dir nicht ausgespannt! Sie ist mir nachgerannt! Sie hat mich nicht in Frieden lassen!«

»Dir nachgerannt? Die Elfi?« höhnte Overrider und setzte hinzu: »Weißt du, was ich mir die ganzen vierzig Jahre vorgenommen hab'? Sollte ich dich einmal wiedersehen, verprügle ich dich derartig, daß das Schmerzensgeld meine ganzen Ersparnisse auffrißt!«

»Du Verbrecher!« schrie Oberreiter. »Du bist doch nicht wegen der Elfi ausgewandert, sondern weil dich die Polizei gesucht hat!«
Das war Overrider zuviel. »Na warte!« rief er drohend und versetzte seinem Bruder einen Kinnhaken, daß dieser gegen eine Kamera fiel.
»Meine Herren!« rief Joschi besorgt und stellte sich zwischen die beiden.
»Weg da, wenn ich mit meinem Bruder rede!« Overrider gab Joschi einen Stoß.
»Stoßen Sie nicht!« sagte Joschi verzweifelt und hielt Oberreiter das Mikro hin. »Schildern Sie bitte unseren Zuschauern –«
»Kusch!« unterbrach ihn Oberreiter, und dann, zu seinem Bruder gewandt: »Du Gauner sagst, daß ich dir deine Braut gestohlen habe – –«
»Nicht nur meine Braut, sondern auch die Erbschaft nach unserem Großvater! Da!« Er gab ihm einen zweiten Kinnhaken. Jetzt applaudierte das Publikum. Joschi versuchte immer wieder, die beiden auseinanderzubringen.
»Mischen Sie sich nicht drein, wenn zwei Brüder miteinander reden! Ich warne Sie!« rief Overrider wieder, und dann, seinem Bruder zunickend: »Zeigen wir's ihm, Franzi?«
»Zeigen wir's ihm!« Beide fielen über Joschi her, er verwickelte sich in das Kabel einer der vielen Kameras, die Kamera fiel um, der Kameramann folgte, der Bürgermeister wollte eingreifen, er stolperte über den Kameramann, der Unterrichtsminister über den Bürgermeister, man hörte Rufe wie »Polizei!«, »Feuerwehr!«, »Aufhören!«, »Weitermachen!«, »Bravo!«, »Buh!« – bis das Überfallskommando die Halle räumte.

Meine Frau und ich gingen bedrückt nach Hause. Dort erzählte ich ihr die Wahrheit, nichts als die Wahrheit. Am nächsten Morgen wagten wir es nicht, die Zeitungen durchzusehen. Was wird die Presse zu dem mißglückten Abend sagen? Was sagte sie? Sie war begeistert. »Eine Sendung, die mit Tränen beginnt, um sich dann in einen Lachschlager zu verwandeln – das war noch nicht da! Wie wir hörten, hatten die Produzenten die größten Schwierigkeiten mit der Finanzierung des Projektes. Sie mußten Geld von Privaten aufnehmen, um die Produktion starten zu können. Die Geldleute können zufrieden sein.« Sie waren es. Die Fernsehanstalten der ganzen Welt kauften die Idee. Robinson kehrte von seinem imaginären Onkel aus Island zurück, Spannagl von seiner Tante von der Teufelsinsel, Wronsky brach die Polarexpedition ab, und Goldmann ließ sich den Bart abrasieren. Sie bekamen ihr Geld mit Gewinn zurück, und jetzt sind wir wieder die besten Freunde.

Joschi quält nur *ein* Gedanke: Wie wird die nächste Folge sein? Aber das ist *seine* Sorge. Ich bin nur der Geldgeber.

Leben Sie wohl!

Ja, liebe Leserinnen und Leser, Sie haben richtig gelesen. Es ist kein Druckfehler, es sollte nicht heißen »Lesen Sie wohl«, sondern »Leben Sie wohl«. Zum Unterschied vom Beginn dieses Buches, in dem es hieß: Sie haben richtig gelesen, es ist kein Druckfehler, es sollte nicht heißen »Leben Sie wohl«, sondern »Lesen Sie wohl«.
Nun *haben* Sie es gelesen, und ich danke Ihnen dafür. Ich wundere mich immer, daß es noch Menschen gibt, die sich für meine kleinen, harmlosen Geschichten interessieren, in einer Welt, die voller echter Krimis ist.
Schlagen Sie die Zeitung auf – was lesen Sie? Banküberfälle, Flugzeugentführungen, Geiselnahmen etc., wobei die Banküberfälle noch zu den harmlosesten und interessantesten Alltagserscheinungen gehören. Wieso interessant, werden Sie fragen. Wußten Sie z. B., daß Banken nur bei Tag überfallen werden? Und wissen Sie auch, warum? Weil es bei Nacht niemand wagt, mit so viel Geld auf die Straße zu gehen. Gott sei Dank wurde bei uns das Verbrechen von der Straße eliminiert und in die U-Bahn-Stationen verlegt. Vergessen wir es.
Ich hoffe, daß Ihnen das Buch gefallen hat, daß Sie es befriedigt aus der Hand legen und daß Sie auch in Zukunft meine treuen Leser bleiben werden. In diesem Sinne für heute:

LEBEN SIE WOHL!

RANG.